GEORG BÜCHNER

Woyzeck

KRITISCHE LESE- UND ARBEITSAUSGABE

HERAUSGEGEBEN
VON LOTHAR BORNSCHEUER

PHILIPP RECLAM JUN. STUTTGART

Erläuterungen und Dokumente zu Büchners »Woyzeck«
liegen unter Nr. 8117 in Reclams Universal-Bibliothek vor

Universal-Bibliothek Nr. 9347
Alle Rechte vorbehalten
© 1972 Philipp Reclam jun. GmbH & Co., Stuttgart
Gesamtherstellung: Reclam, Ditzingen. Printed in Germany 1991
RECLAM und UNIVERSAL-BIBLIOTHEK sind eingetragene
Warenzeichen der Philipp Reclam jun. GmbH & Co., Stuttgart
ISBN 3-15-009347-3

Zur Benutzung der Ausgabe

Die vorliegende Ausgabe von Georg Büchners »Woyzeck« gibt das Textmaterial in einem Doppeldruck wieder, dessen linke Seite den an den Handschriften erneut überprüften gegenwärtigen Stand der Textforschung dokumentiert und dessen rechte Seite zur Erleichterung der Lektüre eine vereinfachte Lesefassung bietet. Die uns von uns im ganzen getroffene Szenenauswahl und -anordnung bringt einen neuen Lösungsvorschlag, um Büchners Drama annähernd in dem Rahmen zu rekonstruieren, den es bei seinem Abbruch besessen hat. Jede Authentizität schien bislang unerreichbar, weil man die einzelnen, in sich jeweils unvollständigen Handschriften für die Fragmente nacheinander entstandener, unterschiedlich konzipierter ›Fassungen‹ hielt und nur die Alternative zwischen dem Verzicht auf eine lesbare Gesamtfassung (Krause) und einer mehr oder weniger subjektiven Kombination des vorhandenen Handschriftenmaterials kannte (Bergemann, Lehmann). Demgegenüber verstehen wir die »Woyzeck«-Handschriften als verschiedene ›Schichten‹ eines relativ stetigen Erweiterungsprozesses. Eine verschärfte Analyse der handschriftlichen Entwürfe und ihrer Entstehungszusammenhänge läßt die Umrisse der abgebrochenen letzten Gesamtgestaltung sichtbar werden, auch wenn diese nicht die – ungeschriebene oder verlorene – endgültige Schlußredaktion darstellt. Im Vergleich mit den bisherigen Leseausgaben beschränken sich unsere editorischen Vorentscheidungen auf ein Minimum. Alle szenischen oder motivischen Ergänzungen über die philologisch-editorische Rekonstruktion eines Grundgerüstes (›Grundkombination‹) hinaus stellen wir dem interpretatorischen Mitspracherecht des einzelnen Lesers anheim, der die übrigen, von Büchner nicht gestrichenen Szenenentwürfe in einem eigenen Textteil abgedruckt findet. Ob und wie ausgiebig sie sich im Sinne von Büchners Werkplan für eine Erweiterung der ›Grundkombination‹ empfehlen, kann nur interpretatorisch entschieden werden.

Unsere Ausgabe ermöglicht drei verschiedene Schritte der Werkbetrachtung. Am Beginn wird man sich den (rechtsseitigen) vereinfachten Lesetext im Umfang des kleinsten

gesicherten Werkkörpers (›Grundkombination‹) vor Augen
führen. Auf der zweiten Stufe ist zu prüfen, in welchem
Maße freies Szenenmaterial integriert und so eine abgerun-
dete Werkgestalt festgelegt werden kann. Auf einer dritten
Stufe schließlich erlaubt der linksseitige Text und der ›Variantenapparat‹ die Kontrolle des gesamten Wortlauts.

Der editionsvergleichende Text

unserer Ausgabe (linksseitiger Text) spiegelt das Dilemma,
in das die »Woyzeck«-Forschung teils durch die langsamen
Fortschritte der historisch-philologischen Kritik, teils durch
deren Widersprüche gerade in den neuesten kritischen Editionen geraten ist. So wünschenswert es wäre, wenn sich einmal ein Spezialistenteam des ungewöhnlichen »Woyzeck«-
Problems annehmen und den durch die Handschriften bedingten Unsicherheitsfaktor eingrenzen würde, schien es uns
für den Augenblick notwendig, die zahllosen Abweichungen
zwischen den wichtigsten kritischen Ausgaben kenntlich zu
machen und noch einmal an den Handschriften im Goethe-
und Schiller-Archiv (Weimar) zu überprüfen. Unser Edi-
tionsvergleich bezieht sich auf folgende drei Ausgaben[1]: die
erste kritische Gesamtausgabe von Büchners Werken aus
der Hand Fritz Bergemanns (1922, abgekürzt: *B,* darin

1. Georg Büchner, Sämtliche Werke und Briefe. Auf Grund des hand-
schriftlichen Nachlasses Georg Büchners herausgegeben von Fritz Berge-
mann. Leipzig 1922.
Georg Büchner, Sämtliche Werke und Briefe. Historisch-kritische Ausgabe
mit Kommentar, herausgegeben von Werner R. Lehmann. Erster Band:
Dichtungen und Übersetzungen mit Dokumentationen zur Stoffgeschichte.
Hamburg 1967; Zweiter Band: Vermischte Schriften und Briefe. Ham-
burg 1971.
Georg Büchner, Woyzeck. Kritisch herausgegeben von Egon Krause.
Frankfurt a. M. 1969.
Die beiden anderen auf Handschriften-Autopsie beruhenden, doch nicht
ganz konsequenten Ausgaben von Georg Witkowski (Georg Büchner,
Woyzeck. Leipzig 1920) und Walter Schürenberg (Freiheit und Wahrheit.
Georg Büchner, Dichtungen und Briefe. Textrevision und Einleitung.
Berlin 1947) werden nicht berücksichtigt, um den Variantenapparat nicht
zu überlasten.
Für die Erlaubnis zur Benutzung der Handschriften und überaus groß-
zügige Hilfe danke ich Herrn Prof. Dr. Karl-Heinz Hahn, Direktor
des Goethe- und Schiller-Archivs, Weimar, und seinem Hause, insbesondere seiner Mitarbeiterin Fräulein Eva Beck.

S. 145–161, 706–729), den ersten Band der neuen kritischen Gesamtausgabe von Werner R. Lehmann (1967, abgekürzt: *L*, darin S. 337–406; der Lesartenkommentar steht noch aus) und die jüngste kritische Einzelausgabe des »Woyzeck« von Egon Krause (1969, abgekürzt: *K*, S. 31–72). Alle Differenzen zwischen diesen drei Textdrucken in der Wiedergabe oder Anordnung von Worten, Buchstaben und Interpunktionen sind – unter Berücksichtigung der Lesartenkommentare bei *B* und *K* und des Siglesystems bei *L*² – in unserem linksseitigen Text durch spitze und eckige Klammern gekennzeichnet. Dabei konnte *B* allerdings wegen der starken Stilisierungstendenz für den Hauptbereich der kontroversen Textlesung, für Orthographie und Interpunktion, nicht herangezogen werden. Spitze Klammern ⟨ ⟩ bezeichnen diejenigen Abweichungen, die zwar im wesentlichen nicht den inhaltlichen Aussagesinn, aber sehr oft die Ausdrucksnuance modifizieren. Die entsprechenden Lesungen von *B*, *L* und *K* werden in einem Variantenapparat angegeben. Eckige Klammern [ ] kennzeichnen neben technischen Hinweisen solche Stellen, an denen mindestens eine der kritischen Ausgaben keine verbal-sinngemäßen Gemeinsamkeiten mehr mit den anderen Ausgaben erkennen läßt, so daß wir innerhalb unseres linksseitigen Textes eine mit [...] markierte Leerstelle eingeführt haben. Auch über diese Varianten informiert der Apparat.

Unsere eigene, an den Handschriften gewonnene Beurtei-

2. Die Textdrucke *B*, *L* und *K* werden also, soweit möglich, auf Grund der Lesartenkommentare bzw. des Siglesystems auf die jeweiligen Angaben über den Handschriften-*Befund* reduziert. Die von *L* oder *K* nicht aufgelösten Abkürzungen der Handschriften treten in unserer Ausgabe nicht eigens in Erscheinung, wenn die Auflösungen der anderen Ausgaben nicht mit ihnen kollidieren. Streichungen von Schreibversehen Büchners werden bei editorischer Übereinstimmung ebenfalls stillschweigend anerkannt. Streichungen werden nicht übernommen, wenn andere Ausgaben einen Befund beibehalten. Ergänzungen werden gleichermaßen ohne besonderen Klammerhinweis übernommen, wenn sie mit den Lesungen der anderen Ausgaben übereinstimmen. Krauses »Lesarten« werden nur in den Fällen als Korrektur seines eigenen Textdruckes verstanden, wenn sie ihm eindeutig widersprechen (z. B. Textdruck: *Bouteillen*, Lesartenkommentar: *fehlt -n*), jedoch mit *B* bzw. *L* übereinstimmen. Da *K* die Schreibweisen des Wortes *jetzt, jezt* nicht unterscheidet, wird in diesen Fällen von uns nur *L* herangezogen.

lung der Editionsdifferenzen geht aus der Verwendung der
Sigle *Bo* im Variantenapparat hervor. Sie wird den Siglen
B, *L* oder *K* hinzugefügt, wenn wir der entsprechenden
Textentzifferung voll zustimmen können. Wir versehen unsere Sigle mit einem Fragezeichen *Bo(?)*, wenn unsere Zu-
stimmung nur bedingt geschieht, d. h. wenn die betreffende
Variante nicht voll gesichert, aber unter allen Vorschlägen
am wahrscheinlichsten ist. Wir verzichten auf eine Stellung-
nahme, wo uns eine paläographische Entzifferung zweifel-
haft erscheint. Soweit wir einen neuen Lesevorschlag für
notwendig halten, geben wir unsere eigene Variante an.

Um der Lesbarkeit des linksseitigen Studientextes willen
und zur Vorbereitung des rechtsseitigen Lesetextes mußten vor
allem für die Problemstellen mit spitzen Klammern vertret-
bare Varianten gefunden werden. Diese bestimmen sich zum
größten Teil nach unserer vollen oder bedingten Zustim-
mung zu bisherigen Lösungsvorschlägen bzw. nach deren Korrektur, andernfalls nach Kontextgesichtspunkten.

Für den linksseitigen Text ist einzuschränken, daß bei unterschiedlich umfangreichen Varianten (in der Regel bei
orthographischen Differenzen) unabhängig von der sach-
lichen Beurteilung die jeweils ausführlichere Variante ein-
gesetzt wird, so daß z. B. die Varianten *L: komme sie.* und
K: kommen sie wiedergegeben sind durch: *komme⟨n⟩
sie⟨.⟩* In diesen Fällen bringt erst der rechtsseitige Textdruck unseren endgültigen Vorschlag. Die uneinheitlichen
Namensformen der beiden Hauptfiguren (z. B. *Wo⟨y⟩zeck*,
Ma⟨r⟩greth) sind nur bei *L* belegt und nicht in unseren Variantenapparat aufgenommen; sie wurden in unserem linksseitigen (Sprech-)Text berücksichtigt, um die Möglichkeit
offenzuhalten, daß nach Büchners Intention in manchen Pas-
sagen vielleicht die Aussprache *Wozeck* und *Magret* vorherr-
schen sollte.

Der vereinfachte Lesetext

(rechte Seite) unserer Ausgabe stellt im wesentlichen den
linksseitigen Text ohne dessen Klammern dar, wobei die
›unterschiedlich umfangreichen‹ Varianten in spitzen Klammern nun gleichfalls nach den oben erwähnten Auswahl-
kriterien korrigiert werden. Das gleiche gilt für die Auf-
lösung der eckigen Klammern, die bei unentscheidbaren

Leseschwierigkeiten entweder einschließlich des kontroversen Textes getilgt werden, wenn nötig zusammen mit der unselbständig gewordenen syntaktischen Nachbarschaft (vgl. z. B. S. 23,34), oder die, um keinen größeren Zusammenhang zu zerreißen, durch eine Variante nach Kontextgesichtspunkten ersetzt werden (vgl. z. B. S. 41,26).

Alle editorischen Eingriffe (Korrekturen von eindeutigen Schreibversehen oder für das Verständnis notwendige Ergänzungen, vgl. z. B. S. 15,8 u. 29,13) werden durch neue eckige Klammern hervorgehoben. Orthographische Modernisierungen finden im Sprechtext nur statt, wenn sie »für den Sinngehalt oder die Lautgestalt [...] ohne Belang« sind (Seiffert[3]). Wir haben daher umgewandelt: *roth* zu *rot*; *seyn* zu *sein*; *Abends* zu *abends*; *s'ist* zu *'s ist*; *ein's* zu *eins*; *n'e* zu *'ne* usw. Die auch in anderen, nichtpoetischen Schriften Büchners übliche Schreibweise *dießer, dieße, dießes* rechnen wir gleichfalls zur historischen Patina, nicht zu den mundartlich-umgangssprachlichen Stilmitteln. Die Anredeformen *du, Sie, Er* usw. und interpunktionsbedingte Groß- bzw. Kleinschreibung werden normalerweise vereinheitlicht und nicht von einer »emphatischen« Orthographie Büchners abhängig gemacht[4].

Dagegen werden alle stiltragenden Besonderheiten wie z. B. die editionskritisch gesicherten Umgangs- und Dialektformen beibehalten. Fast vollständig bewahrt bleibt der unsystematische Gebrauch des Apostrophs (Ausnahme: *eins* statt *ein's* und wechselnder Gebrauch in unmittelbarer Nachbarschaft, z. B. S. 51,16 u. 55,21) und vor allem, soweit gesichert, die Interpunktion des Sprechtextes. Jeder Versuch einer Normalisierung oder Modernisierung der Interpunktion ist unbedingt abzulehnen. Daher werden nur in Ausnahmefällen die stärksten syntaktischen Zäsuren – soweit die Hand-

---

3. Hans Werner Seiffert, Untersuchungen zur Methode der Herausgabe deutscher Texte. Berlin (Ost) 1963 (Deutsche Akademie der Wissenschaften zu Berlin. Veröffentlichungen des Instituts für deutsche Sprache und Literatur Bd. 28) S. 44.

4. Werner R. Lehmann, Textkritische Noten. Prolegomena zur Hamburger Büchner-Ausgabe. Hamburg 1967, S. 12 f. meint: »Denn Büchner kennt noch die ältere emphatische Großschreibung; so etwa, wenn es im ›Danton‹ heißt: *Wer hat sich mehr verleugnet, Ich oder er? –*« Diese Beobachtung läßt sich jedoch für den »Woyzeck« nicht verallgemeinern.

schriften keine oder nur eine undeutliche Interpunktion auf-
weisen – zur Hilfe des Lesers neu markiert (durch einen
oder mehrere Punkte am Ende eines Abschnittes bzw.
Rollentextes, vgl. S. 13,9, durch Vertauschung eines Kom-
mas mit einem Doppelpunkt auf S. 15,29, durch einen Gedankenstrich statt eines zweiten Punktes, vgl. S. 23,2 u. ä.).
Orthographie und Interpunktion der Sprecherbezeichnungen
und Regiebemerkungen werden dagegen vereinheitlicht.
Daß darüber hinaus die in Büchners Handschriften wech-
selnden Namen der beiden Hauptfiguren (Ha und Hb:
Louis, Margreth; Hc: *Franz/Woyzeck, Louisel*; Hd: *Franz/
Woyzeck, Marie*; He: *Woyzeck*) in unserem rechtsseitigen
Druck an den in Hd vorherrschenden Wortgebrauch: *Woyzeck, Marie* angeglichen werden, ist eine Konsequenz der im
folgenden noch zu erläuternden Anordnung der Handschriften und Szenen im ganzen.

Die Handschriften- und Szenenfolge

der vorliegenden Ausgabe zieht gegenüber der Editions-
praxis von Bergemann (1922), Lehmann und Krause neue
Grenzen innerhalb des Handschriftenmaterials und darüber
hinaus in der Aufgabenteilung zwischen Herausgeber und
Leser. Während sich Krause auf die Wiedergabe der einzelnen handschriftlichen Teilentwürfe beschränkt und es
kompromißlos als einen »sinn- und hoffnungslosen Versuch«
bezeichnet, »einen les- oder spielbaren Gesamttext aus den
vielen Fragmenten herzustellen«, ringt sich Lehmann – und
zwar für den Anhang seiner kritischen Edition – zu einer
»Lese- und Bühnenfassung« durch, die zahlreiche persön-
liche interpretatorische Entscheidungen impliziert. Einen
solchen Bereich subjektiver Szenenarrangements muß man
in einem gewissen Ausmaß im Falle des Büchnerschen »Woyzeck« zugestehen, nur erscheint es uns am konsequentesten,
alle feineren Möglichkeiten der Szenenauswahl und -anord-
nung nicht mehr durch den Herausgeber vorzuentscheiden,
sondern dem Leser selbst anzuvertrauen. Die Pflicht des
Editors beschränken wir auf die philologische Konstruktion
eines Grundgerüstes, das in unseren Augen durch das vor-
handene Handschriftenmaterial vorgegeben ist und prak-
tisch schon allen drei Leseausgaben zugrunde lag, die sich
aus dem Widerspruch gegen Bergemanns Kompilationen

nach deren letzter Auflage (⁹1962) wieder an Büchners Handschriften zu orientieren begannen; wir meinen die Ausgaben von Meinerts, Müller-Seidel[5] und Lehmann.

Unser gedrängter Überblick (S. 76–78) über die neuesten Einsichten in die Handschriftenverhältnisse enthält eine knappe Begründung dafür, daß bei genauerer Analyse die von Bergemann, Lehmann und Krause als einheitlich betrachtete sogenannte Handschrift »H1« zwei verschiedene, stellenweise aufeinander aufbauende Teilentwürfe umfaßt. Während noch Lehmann und Krause von vier Handschriften »H1«, »H2«, »H3« und »H4« sprechen, unterscheiden wir mit Wilfried Buch deren fünf: Ha = »H1,11–20«, Hb = »H1,1 bis 10 + 21«, Hc = »H2«, Hd = »H4« und das Einzelblatt He = »H3« (mit zwei isolierten, in keiner anderen Handschrift fest zu verankernden Szenen).[6]

Nach allgemeinem Urteil ist Hd die letzte und ausgereifteste Werkschicht. Unsere schematische Darstellung (S. 82) demonstriert, in welcher Weise Hd aus den früheren Handschriften herauswächst, wobei Hb, Hc und Hd die jeweils vorangehenden Entwürfe durch akzentverschiebende Umarbeitung und zugleich Neuschöpfung von Szenengruppen immer mehr konzentrieren und bereichern, bis schließlich Ha, Hb und Hc in Hd zusammenwachsen. Dieser Einblick in den stetigen Ausbauprozeß der Entwurfstadien macht es wahrscheinlich und bestätigt Büchners briefliche Auskunft, daß er das Werk vor seinem Tode bis auf wenige Schritte der endgültigen Gestalt nahegebracht hatte. Die letzten Szenen von Hd leiten in mehreren Einzelzügen (vgl. S. 80 f.) hinüber zur dramatischen Kulmination. Da deren Gestaltung aber in einer hervorragend komponierten Szenenfolge des ersten Entwurfs (Ha,4–10 = »H1,14–20« = ›Mord-Komplex‹, vgl. S. 88) als einzige Konstante den Wachstumsprozeß der übrigen Szenenentwicklung begleitet hat, spricht

5. Georg Büchner, Sämtliche Werke nebst Briefen und anderen Dokumenten, herausgegeben und erläutert von Hans Jürgen Meinerts. Gütersloh 1963.
Georg Büchner, Woyzeck, in: Bürgerliches Trauerspiel und soziales Drama, mit einem Nachwort herausgegeben von Walter Müller-Seidel. Freiburg, Basel u. Wien 1964 (Klassische Deutsche Dichtung Bd. 15).
6. Wilfried Buch, Woyzeck. Fassungen und Wandlungen. Dortmund 1970. Vgl. Anm. 7.

alles dafür, daß Büchner in ihr schon einen der wichtigsten
letzten Arbeitsschritte getan sah. Wenn auch weder Hd noch
der ›Mord-Komplex‹ als Büchners definitive Reinschriften
zweier zusammengehöriger Drama-Hälften gelten können,
dürfen wir doch davon ausgehen, daß wir mit der Kombination ›letzter Entwurf‹(Hd)–›Mord-Komplex‹(Ha,4–10)
das tragende Gerüst und die wichtigste Bausubstanz des
Werkkörpers rekonstruieren.

Ohne den Mut zu dieser ›Grundkombination‹ müßte man
wohl die literarische Werkidee eines »Woyzeck«-Dramas
aufgeben und Büchners Handschriften mit Krause ganz dem
Archiv der historisch-philologischen Kritik überlassen. Ent-
scheidet man sich für die Kombination, so nimmt man eine
direkte Verklammerung der ersten und letzten Produktions-
phase in Kauf, nicht zuletzt eine Identifizierung der Hauptfiguren in Ha und Hd: *Louis/Woyzeck* und *Margreth/Marie*.
Obwohl wir uns im Rahmen der geglätteten Textfassung
(rechte Seite) auch drucktechnisch zu dieser Konsequenz ge-
zwungen sehen, hoffen wir andererseits, durch die von uns
nicht verwischte Zäsur zwischen ›letztem Entwurf‹ und
›Mord-Komplex‹ im Leser das Bewußtsein wachzuhalten,
von einer Handschrift in eine andere zu wechseln. Gegenüber sämtlichen neueren Versuchen (von Lehmann, Krause
und Buch), die unterschiedlichen Tendenzen der einzelnen
Handschriften als »Fassungen« zu deklarieren und »scharf
voneinander abzuheben« (Buch) oder gar in einer Zwischenstufe wie Hc gegenüber Ha/Hb (»H1«) »den Beginn einer
völlig entgegengesetzten Gestaltung« (Krause) zu erblicken,
ist zu erwidern, daß hier philologische Rationalität den
komplexen Reichtum dichterischer Spontaneität zu ver-
schütten droht. Die »Woyzeck«-Handschriften sind eher
»Schichten« zu nennen und ihr Entstehungsprozeß ein moti-
visch-szenischer Anbauvorgang, als ein sprunghafter Wechsel von einer »Fassung« zur andern.[7] Daß jeder der Wachs-
tumsringe eine eigene Färbung zeigt, scheint ganz natürlich.

Wer die ›Grundkombination‹ über die Ergänzung der
Leerstelle Hd,3 hinaus mit weiterem vereinzeltem Szenen-

---

7. Zur Unterscheidung von »Fassung« (mit Ziffernindex: H1, H2 usw.)
und »Schicht« (mit Buchstabenindex: Ha, Hb usw.) vgl. Seiffert, a. a. O.,
S. 49 und 113 f.

material anreichern will, was im Sinne des Büchnerschen
Produktionsprozesses durchaus zu erwägen ist, begibt sich
auf ein weites Feld der Diskussion. Unsere Edition geht davon aus, daß spätestens an diesem Punkt die Rechte und
Pflichten eines interpretierenden Herausgebers und die eines
schöpferisch-kritischen Lesers zusammenfließen. Wir halten
es daher für die angemessenste Lösung, in einem eigenen
Textteil alle noch freien Einzelszenen nach der Handschrif-
tenfolge dem Leser zur Kenntnisnahme und kompositorischen
Verwendung zur Verfügung zu stellen. Wenige Grundsätze
sollten dabei respektiert werden. Will man nämlich nach
oberstem editorischem Leitsatz »das Autorisierte vom
Nichtautorisierten trennen« (Seiffert[8]), haben Büchners per-
sönliche Streichungen – in der detaillierten Textgestalt wie
in der szenischen Gesamtanordnung – zu den deutlichen
Grenzen zu zählen, die uns auf der Suche nach der letzten
Werkidee gesetzt sind. Wir nehmen daher keine der vom
Dichter gestrichenen Szenen in diese Ausgabe auf.[9] Zum
andern sollten im allgemeinen die von Büchner konzipierten
Szeneneinheiten insofern sakrosankt sein, als sie nicht in
vereinzelten Stücken zu neuen Szenen kompiliert werden
dürfen, auch nicht, um aus früheren Entwürfen die in Hd
an einigen Stellen freigebliebenen Seitenreste aufzufüllen
(vgl. dazu S. 80). Schließlich sollten auch Umordnungen
von Szenen innerhalb von Hd und ›Mord-Komplex‹ streng
vermieden werden.

8. Seiffert a. a. O., S. 104.
9. Die gestrichenen Szenen sind abgedruckt in den zu dieser Ausgabe
gehörenden »Erläuterungen und Dokumente« (Reclams Universal-Bibliothek Nr. 8117). Die Szenenstreichungen sind in der Ausgabe von
Krause S. 84–87 näher beschrieben und in einer Übersicht nach S. 240
ablesbar. In der schematischen Handschriftensynopse bei Lehmann, Textkritische Noten . . . S. 58 werden die Szenen Hc,5 (= »H2,5«) und Hc,9
(= »H2,9«) nicht als gestrichen betrachtet (vgl. »Erläuterungen und Dokumente«, S. 45, Anm. 26a und S. 48, Anm. 39).

[LETZTER ENTWURF Hd,1–17]

[Hd,1]   *Freies Feld. Die Stadt in der Ferne.*
      Woyzeck und Andres schneiden ⟨Stöcke⟩ im Gebüsch.

W o y z e c k. Ja Andres; ⟨den⟩ Streif da über das Gras
    hin, da rollt Abends der Kopf, es hob ihn einmal einer
    auf, er meint es wär' ein Igel. Drei Tag und drei Nächt   5
    und er lag auf den Hobelspänen *(leise)* Andres, das waren
    die Freimaurer, ich hab's, die Freimaurer, still!
A n d r e s *(singt)* Saßen dort zwei Hasen
              Fraßen ab das grüne, grüne Gras
W o y z e c k. Still! Es geht was!   10
A n d r e s.   Fraßen ab das grüne, grüne Gras
                      Bis auf den Rasen.
W o y z e c k. Es geht hinter mir, unter mir *(stampft auf*
    den Boden) hohl, hörst du? Alles hohl da unten. Die Frei-
    maurer!   15
A n d r e s. Ich fürcht mich.
W o y z e c k. S'ist so kurios still. Man möcht den Athem
    halten. Andres!
A n d r e s. Was?
W o y z e c k. Red was! *(starrt in die Gegend.)* Andres! Wie 20
    hell! Ein Feuer fährt um den Himmel und ein Getös her-
    unter wie Posaunen. Wie's heraufzieht! Fort. Sieh nicht
    hinter dich *(reißt ihn in's Gebüsch⟨.⟩)*
A n d r e s *(nach einer Pause)* Woyzeck! hörst du's noch?
W o y z e c k. Still, Alles still, als wär die Welt todt.   25
A n d r e s. Hörst du? Sie trommeln drin. Wir müssen fort.

[Hd,2] *Marie (mit ihrem Kind am Fenster) Margreth.*
Der Zapfenstreich geht vorbey, der Tambourmajor voran.

M a r i e *(das Kind wippend auf dem Arm.)* He Bub! Sa ra
    ra ra! Hörst? Da komme⟨n⟩ sie⟨.⟩   30
M a r g r e t h. Was ein Mann, wie ein Baum.
M a r i e. Er steht auf seinen Füßen wie ein Löw.
                  (Tambourmajor grüßt.)
M a r g r e t h. Ey, was freundliche Auge, Frau Nachbarin,
    so was is man an ihr nit gewöhnt.   35
M a r i e. *(singt)*
          Soldaten⟨,⟩ das sind schöne Bursch

[LETZTER ENTWURF Hd,1–17]

[Hd,1]   *Freies Feld. Die Stadt in der Ferne.*
             Woyzeck und Andres schneiden Stöcke im Gebüsch.

W o y z e c k. Ja Andres; den Streif da über das Gras hin,
    da rollt abends der Kopf, es hob ihn einmal einer auf, er
5   meint' es wär' ein Igel. Drei Tag und drei Nächt und er
    lag auf den Hobelspänen *(leise)* Andres, das waren die
    Freimaurer, ich hab's, die Freimaurer, still!
A n d r e s *(singt)*. Saßen dort zwei Hasen
                   Fraßen ab das grüne, grüne Gras . . .
10 W o y z e c k. Still! Es geht was!
A n d r e s.   Fraßen ab das grüne, grüne Gras
                   Bis auf den Rasen.
W o y z e c k. Es geht hinter mir, unter mir *(stampft auf
    den Boden)* hohl, hörst du? Alles hohl da unten. Die Frei-
15 maurer!
A n d r e s. Ich fürcht mich.
W o y z e c k. 's ist so kurios still. Man möcht den Atem
    halten. Andres!
A n d r e s. Was?
20 W o y z e c k. Red was! *(Starrt in die Gegend.)* Andres! Wie
    hell! Ein Feuer fährt um den Himmel und ein Getös her-
    unter wie Posaunen. Wie's heraufzieht! Fort. Sieh nicht
    hinter dich. *(Reißt ihn in's Gebüsch.)*
A n d r e s *(nach einer Pause)*. Woyzeck! Hörst du's noch?
25 W o y z e c k. Still, alles still, als wär die Welt tot.
A n d r e s. Hörst du? Sie trommeln drin. Wir müssen fort.

[Hd,2] *Marie (mit ihrem Kind am Fenster). Margreth.*
        Der Zapfenstreich geht vorbei, der Tambourmajor voran.

M a r i e *(das Kind wippend auf dem Arm)*. He Bub! Sa ra
30   ra ra! Hörst? Da komme sie.
M a r g r e t h. Was ein Mann, wie ein Baum.
M a r i e. Er steht auf seinen Füßen wie ein Löw.
                   (Tambourmajor grüßt.)
M a r g r e t h. Ei, was freundliche Auge, Frau Nachbarin,
35   so was is man an ihr nit gewöhnt.
M a r i e *(singt)*.
             Soldaten das sind schöne Bursch . . .

M a r g r e t h. Ihre Auge glänze ja noch.
M a r i e. Und wenn! Trag sie ihre Auge zum Jud und laß
   sie sie putzen, vielleicht glänze sie noch, daß man sie für
   zwei Knöpf verkaufe könnt.
M a r g r e t h. Was Sie? Sie? Frau Jungfer, ich bin eine ho-   5
   nette Person, aber sie, sie guckt 7 Paar lederne Hose durch.
M a r i e. Luder! *(schlägt das Fenster ⟨durch⟩.)* Komm mein
   Bub. Was die Leut wollen. Bist doch nur en arm Huren-
   kind und machst deiner Mutter Freud mit deim [...]
   Gesicht. Sa! Sa!   10
(singt.)   Mädel, was fangst du jetzt an
                  Hast ein klein Kind und kein Mann
                  Ey was frag ich danach
                  Sing ich die ganze Nacht
                  Heyo popeio mein Bu. Juchhe!   15
                  Giebt mir kein Mensch nix dazu.

                  Hansel spann deine sechs Schimmel an
                  Gieb ihn zu fresse auf's neu
                  Kein Haber fresse sie
                  Kein Wasser saufe sie   20
                  Lauter kühle Wein muß es seyn. Juchhe!
                  Lauter kühle Wein muß es seyn.
                  (es klopft am Fenster)
M a r i e. Wer da? Bist du's Franz? Komm herein!
W o y z e c k. Kann nit. Muß zum Verles.   25
M a r i e. Was hast du Franz?
W o y z e c k. *(geheimnißvoll)* Marie, es war wieder was,
   viel, steht nicht geschrieben, und sieh da ging ein Rauch
   vom Land, wie der Rauch vom Ofen?
M a r i e. Mann!   30
W o y z e c k. Es ist hinter mir ⟨ge⟩gangen bis vor die
   Stadt. Was soll das werden?
M a r i e. Franz!
W o y z e c k. Ich muß fort *(er geht.)*
M a r i e. Der Mann! So vergeistert. Er hat sein Kind nicht 35
   angesehn. Er schnappt noch über mit den Gedanken. Was
   bist so still, Bub? Furchst' ⟨d⟩ich? Es wird so dunkel, man
   meint, man wär blind. Sonst scheint ⟨doch⟩ als die Latern
   herein. [...] ich halt's nicht aus. Es schauert mich. ⟨*(geht
   ab)*⟩   40

M a r g r e t h. Ihre Auge glänze ja noch.

M a r i e. Und wenn! Trag Sie ihre Auge zum Jud und laß Sie sie putzen, vielleicht glänze sie noch, daß man sie für zwei Knöpf verkaufe könnt.

5 M a r g r e t h. Was Sie? Sie? Frau Jungfer, ich bin eine honette Person, aber Sie, Sie guckt siebe Paar lederne Hose durch.

M a r i e. Luder! *(Schlägt das Fenster [zu].)* Komm mein Bub. Was die Leut wollen. Bist doch nur en arm Huren-
10 kind und machst deiner Mutter Freud mit deim unehr-liche Gesicht. Sa! Sa!

(Singt.)   Mädel, was fangst du jetzt an
Hast ein klein Kind und kein Mann
Ei was frag ich danach
15   Sing ich die ganze Nacht
Heio popeio mein Bu. Juchhe!
Gibt mir kein Mensch nix dazu.

Hansel spann deine sechs Schimmel an
Gib ihn zu fresse auf's neu
20   Kein Haber fresse sie
Kein Wasser saufe sie
Lauter kühle Wein muß es sein. Juchhe!
Lauter kühle Wein muß es sein.
(Es klopft am Fenster.)
25 M a r i e. Wer da? Bist du's Franz? Komm herein!

W o y z e c k. Kann nit. Muß zum Verles.

M a r i e. Was hast du Franz?

W o y z e c k *(geheimnisvoll).* Marie, es war wieder was, viel, steht nicht geschrieben: und sieh da ging ein Rauch
30 vom Land, wie der Rauch vom Ofen?

M a r i e. Mann!

W o y z e c k. Es ist hinter mir gegangen bis vor die Stadt. Was soll das werden?

M a r i e. Franz?
35 W o y z e c k. Ich muß fort. *(Er geht.)*

M a r i e. Der Mann! So vergeistert. Er hat sein Kind nicht angesehn. Er schnappt noch über mit den Gedanken. Was bist so still, Bub? Furchst' dich? Es wird so dunkel, man meint, man wär blind. Sonst scheint als die Latern herein.
40 Ich halt's nicht aus. Es schauert mich. *(Geht ab.)*

[Hd,3]   *Buden. Lichter. Volk.*

[Diesem Szenentitel folgen in der Handschrift anderthalb
                unbeschriebene Seiten.]

[Hd,4] *Marie si⟨t⟩zt, ihr Kind auf dem Schooss, ein
                Stückchen Spiegel in der Hand.*

(bespiegelt sich) Was die Steine glänze! Was sind's für?
Was hat er gesagt? – Schlaf Bub! Drück die Auge zu, fest,   5
(das Kind versteckt die Augen hinter den Händen) noch
fester, bleib so, still oder er holt ⟨d⟩ich *(singt)*

        Mädel mach's Ladel zu
        S'kommt e Zigeunerbu
        Führt dich an deiner Hand   10
        Fort in's Zigeunerland.

(spiegelt sich wieder) S'ist gewiß Gold! Uns⟨er⟩eins hat
nur ein Eckchen in der Welt und ein Stückchen Spiegel
und doch hab' ich einen so rothen Mund als die großen
Madamen mit ihren Spiegeln von oben bis unten und ih-   15
ren schönen Herrn, die ihnen die Händ küssen⟨,⟩ ich bin
nur ein arm Weibsbild. – *(⟨d⟩as Kind richtet sich auf)*
Still Bub, die Auge zu, das Schlafengelchen! wie's an der
Wand läuft *(sie blinkt mit dem Glas)* die Auge zu, oder
es sieht dir hinein, daß du blind wirst.   20
*(Woyzeck tritt herein, hinter sie. Sie fährt auf mit den Hän-
                den nach den Ohren)*
W o y z e c k. Was hast du?
M a r i e. Nix.
W o y z e c k. Unter deinen Fingern glänzt's ja.   25
M a r i e. Ein Ohrringlein; hab's gefunden⟨!⟩
W o y z e c k. Ich hab⟨'⟩ so noch nix gefunden⟨, Z⟩wei auf
einmal.
M a r i e. Bin ich ein Mensch?
W o y z e c k. S'ist gut, Marie. – Was der Bub schläft. Greif'   30
ihm unter's Aermchen den Stuhl drückt ihn. Die hellen
Tropfen steh'n ihm auf der Stirn; Alles Arbeit unter der
Sonn, sogar Schweiß im Schlaf. Wir arme Leut! Da⟨s⟩ is
wieder Geld Marie, die Löhnung und was von mein'm
Hauptmann.   35
M a r i e. Gott vergelt's Franz.
W o y z e c k. Ich muß fort. Heut Abend, Marie. Adies.

[Hd,3]   *Buden. Lichter. Volk.*

[Diesem Szenentitel folgen in der Handschrift anderthalb
unbeschriebene Seiten.]

[Hd,4] *Marie sitzt, ihr Kind auf dem Schoß, ein Stückchen*
Spiegel in der Hand.

M a r i e *(bespiegelt sich).* Was die Steine glänze! Was sind's
5   für? Was hat er gesagt? – Schlaf Bub! Drück die Auge zu,
fest, *(das Kind versteckt die Augen hinter den Händen)*
noch fester, bleib so, still oder er holt dich.
     (Singt.)   Mädel mach 's Ladel zu
                  's kommt e Zigeunerbu
10   Führt dich an deiner Hand
                  Fort in's Zigeunerland.
     (Spiegelt sich wieder.) 's ist gewiß Gold! Unsereins hat
nur ein Eckchen in der Welt und ein Stückchen Spiegel
und doch hab' ich einen so roten Mund als die großen
15   Madamen mit ihren Spiegeln von oben bis unten und ihren
schönen Herrn, die ihnen die Händ küssen, ich bin nur ein
arm Weibsbild. – *(Das Kind richtet sich auf.)* Still Bub,
die Auge zu, das Schlafengelchen! Wie's an der Wand
läuft *(sie blinkt mit dem Glas)* die Auge zu, oder es sieht
20   dir hinein, daß du blind wirst.
     (Woyzeck tritt herein, hinter sie. Sie fährt auf, mit den Hän-
                    den nach den Ohren.)
W o y z e c k. Was hast du?
M a r i e. Nix.
25 W o y z e c k. Unter deinen Fingern glänzt's ja.
M a r i e. Ein Ohrringlein; hab's gefunden!
W o y z e c k. Ich hab' so noch nix gefunden, zwei auf einmal.
M a r i e. Bin ich ein Mensch?
30 W o y z e c k. 's ist gut, Marie. – Was der Bub schläft. Greif'
ihm unter's Ärmchen der Stuhl drückt ihn. Die hellen
Tropfen stehn ihm auf der Stirn; alles Arbeit unter der
Sonn, sogar Schweiß im Schlaf. Wir arme Leut! Das is
wieder Geld Marie, die Löhnung und was von mein'm
35   Hauptmann.
M a r i e. Gott vergelt's Franz.
W o y z e c k. Ich muß fort. Heut abend, Marie. Adies.

M a r i e *(allein⟨,⟩ nach einer Pause)* ich bin doch ein schlecht
   Mensch. Ich könnt' mich erstechen. – Ach! Was Welt? Geht
   doch Alles zum Teufel, Mann und Weib.

[Hd,5]   *Der Hauptmann. Woyzeck.*
        Hauptmann auf einem Stuhl, Woyzeck rasirt ihn.   5

H a u p t m a n n. Langsam, Woyzeck, langsam; ein's nach
   dem andern; Er macht mir ganz schwindlich. Was soll ich
   dann mit den zehn Minuten anfangen, die er heut zu früh
   fertig wird⟨.⟩ Woyzeck, bedenk' er, er hat noch seine
   schöne dreißig Jahr zu leben, dreißig Jahr! macht 360 Mo-   10
   nate, und Tage, Stunden, Minuten! Was will er denn mit
   der ungeheuren Zeit all anfangen? Theil er sich ein, Woyzeck.
W o y z e c k. Ja wohl, Herr Hauptmann.
H a u p t m a n n. Es wird mir ganz angst um die Welt,   15
   wenn ich an die Ewigkeit denke. Beschäftigung, Wo⟨y⟩-
   zeck, Beschäftigung! ewig das ist ewig, das ist ewig, das
   siehst ⟨d⟩u ein; nun ist es aber wieder nicht ewig und das
   ist ein Augenblick, ja, ein Augenblick⟨.⟩ – Wo⟨y⟩zeck, es
   schaudert mich, wenn ich denk, daß sich die Welt in einem   20
   Tag herumdreht, was n⟨'⟩ Zeitverschwendung, wo soll
   das hinaus? Woy⟨z⟩eck, ich kann kein Mühlrad mehr
   sehn, oder ich werd' melancholisch.
W o y z e c k. Ja wohl, Herr Hauptmann.
H a u p t m a n n. Wo⟨y⟩zeck er sieht immer so verhetzt   25
   aus. Ein guter Mensch thut das nicht, ein guter Mensch,
   der sein gutes Gewissen hat. – Red' er doch was Woyzeck.
   Was ist heut für Wetter?
W o y z e c k. Schlimm, Herr Hauptmann, schlimm; Wind.
H a u p t m a n n. Ich spür's schon, s'ist so was Geschwin- 30
   des draußen; so ein Wind macht mir den Effect wie eine
   Maus. *(pfiffig)* Ich glaub' wir haben so was aus Süd-
   Nord.
W o y z e c k. Ja wohl, Herr Hauptmann.
H a u p t m a n n. Ha! ⟨h⟩a! ⟨h⟩a! Süd-Nord! Ha! Ha!   35
   Ha! O er ist dumm, ganz abscheulich dumm. *(gerührt)*
   Wo⟨y⟩zeck, er ist ein guter Mensch, ⟨ein guter Mensch⟩ –
   aber *(mit Würde)* Wo⟨y⟩zeck, er hat keine Moral! Moral
   das ist wenn man moralisch ist, versteht er. Es ist ein

M a r i e *(allein, nach einer Pause).* Ich bin doch ein schlecht Mensch. Ich könnt' mich erstechen. – Ach! Was Welt? Geht doch alles zum Teufel, Mann und Weib.

[Hd,5]   *Der Hauptmann. Woyzeck.*
5   *Hauptmann auf einem Stuhl, Woyzeck rasiert ihn.*

H a u p t m a n n. Langsam, Woyzeck, langsam; eins nach dem andern; Er macht mir ganz schwindlig. Was soll ich dann mit den zehn Minuten anfangen, die Er heut zu früh fertig wird. Woyzeck, bedenk' Er, Er hat noch seine
10 schöne dreißig Jahr zu leben, dreißig Jahr! macht 360 Monate, und Tage, Stunden, Minuten! Was will Er denn mit der ungeheuren Zeit all anfangen? Teil Er sich ein, Woyzeck.

W o y z e c k. Ja wohl, Herr Hauptmann.

15 H a u p t m a n n. Es wird mir ganz angst um die Welt, wenn ich an die Ewigkeit denke. Beschäftigung, Woyzeck, Beschäftigung! Ewig das ist ewig, das ist ewig, das siehst du ein; nun ist es aber wieder nicht ewig und das ist ein Augenblick, ja, ein Augenblick. – Woyzeck, es schaudert
20 mich, wenn ich denk, daß sich die Welt in einem Tag herumdreht, was n' Zeitverschwendung, wo soll das hinaus? Woyzeck, ich kann kein Mühlrad mehr sehn, oder ich werd' melancholisch.

W o y z e c k. Ja wohl, Herr Hauptmann.

25 H a u p t m a n n. Woyzeck Er sieht immer so verhetzt aus. Ein guter Mensch tut das nicht, ein guter Mensch, der sein gutes Gewissen hat. – Red' Er doch was Woyzeck. Was ist heut für Wetter?

W o y z e c k. Schlimm, Herr Hauptmann, schlimm; Wind.

30 H a u p t m a n n. Ich spür's schon, 's ist so was Geschwindes draußen; so ein Wind macht mir den Effekt wie eine Maus. *(Pfiffig.)* Ich glaub' wir haben so was aus Süd-Nord.

W o y z e c k. Ja wohl, Herr Hauptmann.

35 H a u p t m a n n. Ha! ha! ha! Süd-Nord! Ha! Ha! Ha! O Er ist dumm, ganz abscheulich dumm. *(Gerührt.)* Woyzeck, Er ist ein guter Mensch, ein guter Mensch – aber *(mit Würde)* Woyzeck, Er hat keine Moral! Moral das ist wenn man moralisch ist, versteht Er. Es ist ein gutes Wort. Er

gutes Wort. Er hat ein Kind, ohne den Segen der Kirche,
wie unser hochehrwürdiger Herr Garnisonsprediger sagt,
ohne den Segen der Kirche, es ist nicht von mir.

W o y z e c k. Herr Hauptmann, der liebe Gott wird den
armen Wurm nicht drum ansehn, ob das Amen drüber   5
gesagt ist, eh' er gemacht wurde. Der Herr sprach: lasset
die ⟨Kindlein⟩ zu mir kommen.

H a u p t m a n n. Was sagt er da? Was ist das für n'e ku-
riose Antwort? Er macht mich ganz confus mit seiner
Antwort. Wenn ich sag: e r , so mein ich ihn, ihn⟨,⟩   10

W o y z e c k. Wir arme Leut. Sehn sie, Herr Hauptmann,
Geld, Geld. Wer kein Geld hat. Da setz ei⟨n⟩mal
eine⟨r⟩ seinsgleichen auf die Moral in die Welt. Man hat
auch sein Fleisch und Blut. Un⟨s⟩eins ist doch einmal un-
seelig in der und der andern Welt, ich glaub' wenn wir   15
in Himmel kämen⟨,⟩ so müßten wir donnern helfen.

H a u p t m a n n. Wo⟨y⟩zeck er hat keine Tugend, er ist
kein tugendhafter Mensch. Fleisch und Blut? Wenn ich
am Fenster lieg, wenn's geregnet hat und den weißen
Strümpfen so nachseh⟨e,⟩ wie sie über die Gassen sprin-   20
gen, – verdammt Wo⟨y⟩zeck, – da kommt mir die Liebe.
Ich hab auch Fleisch und Blut. Aber Wo⟨y⟩zeck, die Tugend, die Tugend! Wie sollte ich dann die Zeit herumbringen? ich sag' mir immer ⟨D⟩u bist ein tugendhafter
Mensch, *(gerührt)* ein guter Mensch, ein guter Mensch.   25

W o y z e c k. Ja Herr Hauptmann, die Tugend! ich hab's
noch nicht so aus. Sehn Sie, wir gemeine⟨n⟩ Leut, das hat
keine Tugend, es kommt einem nur so die Natur⟨,⟩ aber
wenn ich ein Herr wär und hätt ein⟨en⟩ Hut und eine
Uhr und ⟨eine angleise⟩ und könnt vornehm reden, ich   30
wollt schon tugendhaft seyn. Es muß was Schöns seyn um
die Tugend, Herr Hauptmann. Aber ich bin ein armer Kerl.

H a u p t m a n n. Gut Wo⟨y⟩zeck. Du bist ein guter
Mensch, ein guter Mensch. Aber ⟨d⟩u denkst zuviel, das
zehrt, ⟨d⟩u siehst immer so verhetzt aus. Der Diskurs hat 35
mich ganz angegriffen. Geh' jezt und renn nicht so; langsam hübsch langsam die Straße hinunter.

[Hd,6]   *Marie. Tambour-Major.*

T a m b o u r - M a j o r. Marie!

M a r i e⟨.⟩ *(ihn ansehend, mit Ausdruck.)* ⟨–⟩ Geh' einmal 40

hat ein Kind, ohne den Segen der Kirche, wie unser hochehrwürdiger Herr Garnisonsprediger sagt, ohne den Segen
der Kirche, es ist nicht von mir.

W o y z e c k. Herr Hauptmann, der liebe Gott wird den
5 armen Wurm nicht drum ansehn, ob das Amen drüber gesagt ist, eh' er gemacht wurde. Der Herr sprach: lasset
die Kindlein zu mir kommen.

H a u p t m a n n. Was sagt Er da? Was ist das für 'ne ku-
riose Antwort? Er macht mich ganz konfus mit seiner
10 Antwort. Wenn ich sag: E r , so mein ich Ihn, Ihn –

W o y z e c k. Wir arme Leut. Sehn Sie, Herr Hauptmann,
Geld, Geld. Wer kein Geld hat. Da setz einmal einer
seinsgleichen auf die Moral in die Welt. Man hat auch
sein Fleisch und Blut. Unseins ist doch einmal unselig in
15 der und der andern Welt, ich glaub' wenn wir in Himmel
kämen so müßten wir donnern helfen.

H a u p t m a n n. Woyzeck Er hat keine Tugend, Er ist
kein tugendhafter Mensch. Fleisch und Blut? Wenn ich
am Fenster lieg, wenn's geregnet hat und den weißen
20 Strümpfen so nachsehe wie sie über die Gassen springen,
– verdammt Woyzeck, – da kommt mir die Liebe. Ich
hab auch Fleisch und Blut. Aber Woyzeck, die Tugend,
die Tugend! Wie sollte ich dann die Zeit herumbringen?
Ich sag' mir immer[:] Du bist ein tugendhafter Mensch,
25 *(gerührt)* ein guter Mensch, ein guter Mensch.

W o y z e c k. Ja Herr Hauptmann, die Tugend! Ich hab's
noch nicht so aus. Sehn Sie, wir gemeinen Leut, das hat
keine Tugend, es kommt einem nur so die Natur, aber wenn
ich ein Herr wär und hätt ein Hut und eine Uhr und en
30 Anglaise und könnt vornehm reden, ich wollt schon tugendhaft sein. Es muß was Schöns sein um die Tugend,
Herr Hauptmann. Aber ich bin ein armer Kerl.

H a u p t m a n n. Gut Woyzeck. Du bist ein guter Mensch,
ein guter Mensch. Aber du denkst zuviel, das zehrt, du
35 siehst immer so verhetzt aus. Der Diskurs hat mich ganz
angegriffen. Geh' jetzt und renn nicht so; langsam hübsch
langsam die Straße hinunter.

[Hd,6]   *Marie. Tambourmajor.*

T a m b o u r m a j o r. Marie!

40 M a r i e *(ihn ansehend, mit Ausdruck)*. Geh' einmal vor

vor ⟨d⟩ich hin. – Ueber die Brust wie ein Rind und ein
Bart wie ein Löw.. So ist keiner. ⟨–⟩ Ich bin stolz vor
allen Weibern.
T a m b o u r - M a j o r. Wenn ich am Sonntag erst den
großen Federbusch hab' und die weiße Handschuh, Don-   5
nerwetter, ⟨Marie,⟩ der Prinz sagt immer: Mensch, er ist
ein Kerl.
M a r i e ⟨.⟩ *(spöttisch)* Ach was! *(tritt vor ihn hin.)* Mann!
T a m b o u r - M a j o r. Und ⟨d⟩u bist auch ein Weibs-
bild⟨,⟩ Sapperment, wir wollen ⟨eine⟩ Zucht von Tam-   10
bour-Major⟨'⟩s anlegen ⟨–⟩ He? *(er umfaßt sie)*
M a r i e. *(verstimmt)* Laß mich!
T a m b o u r m. Wild⟨es⟩ Thier.
M a r i e ⟨.⟩ *(heftig)* Rühr mich an!
T a m b o u r. Sieht ⟨d⟩ir der Teufel aus den Augen?   15
M a r i e. Meintwegen. Es ist Alles eins.

[Hd,7]   *Marie. Woyzeck.*

F r a n z ⟨.⟩ *(sieht sie starr an, ⟨und⟩ schüttelt den Kopf.)*
Hm! Ich seh nichts, ich seh nichts. O, man müßt's sehen,
man müßt's greifen könne mit Fäusten.   20
M a r i e. *(verschüchtert)* Was hast du Franz? Du bist hirnwüthig.⟨.⟩ Franz.
F r a n z. Eine Sünde so dick und so breit. (Es stinkt daß
man die Engelchen zum Himmel hinaus ⟨räuchern⟩
könnt.) Du hast ein rothe⟨n⟩ Mund⟨,⟩ Marie. Keine   25
Blase drauf? [...], Marie, du bist schön wie die Sün-
de –⟨.⟩ Kann die Todsünde so schön seyn?
M a r i e. Franz, du red'st im Fieber.
F r a n z. Teufel! – Hat er da gestande, so, so?
M a r i e. Dieweil der Tag lang und die Welt alt ist,   30
könn⟨'⟩ viel Mensche⟨n⟩ an eim Plaz stehn, einer nach
dem andern⟨.⟩
W o y z e c k. Ich hab ihn gesehn.
M a r i e. Man kann viel sehn, wenn man 2 Auge⟨n⟩ hat
und ⟨man⟩ nicht blind ist und die Sonn scheint.   35
W o y z e c k. [...]
M a r i e. *(keck)* Und wenn auch.

dich hin. – Über die Brust wie ein Rind und ein Bart wie
ein Löw. – So ist keiner. – Ich bin stolz vor allen Weibern.

T a m b o u r m a j o r. Wenn ich am Sonntag erst den großen Federbusch hab' und die weiße Handschuh, Donner-
5   wetter, Marie, der Prinz sagt immer: Mensch, er ist ein
Kerl.

M a r i e *(spöttisch)*. Ach was! *(Tritt vor ihn hin.)* Mann!

T a m b o u r m a j o r. Und du bist auch ein Weibsbild,
Sapperment, wir wollen eine Zucht von Tambourmajors
10   anlegen – He? *(Er umfaßt sie.)*

M a r i e *(verstimmt)*. Laß mich!

T a m b o u r m a j o r. Wild Tier.

M a r i e *(heftig)*. Rühr mich an!

T a m b o u r m a j o r. Sieht dir der Teufel aus den Augen?

15 M a r i e. Meintwegen. Es ist alles eins.

[Hd,7]   *Marie. Woyzeck.*

W o y z e c k *(sieht sie starr an, schüttelt den Kopf)*. Hm!
Ich seh nichts, ich seh nichts. Oh, man müßt's sehen, man
müßt's greifen könne mit Fäusten.

20 M a r i e *(verschüchtert)*. Was hast du Franz? Du bist hirn-
wütig – Franz.

W o y z e c k. Eine Sünde so dick und so breit. (Es stinkt
daß man die Engelchen zum Himmel hinaus räuchern
könnt.) Du hast ein roten Mund Marie. Keine Blase drauf?

25   Marie, du bist schön wie die Sünde – Kann die Todsünde
so schön sein?

M a r i e. Franz, du red'st im Fieber.

W o y z e c k. Teufel! – Hat er da gestande, so, so?

M a r i e. Dieweil der Tag lang und die Welt alt ist, könn'
30   viel Mensche an eim Platz stehn, einer nach dem andern.

W o y z e c k. Ich hab ihn gesehn.

M a r i e. Man kann viel sehn, wenn man zwei Augen hat
und man nicht blind ist und die Sonn scheint.

[Hd,8]   *Woyzeck. Der Doctor.*

D o c t o r. Was erleb' ich Woyzeck? Ein Mann von Wort⟨.⟩
W o y z e c k. Was denn Herr Doctor?
D o c t o r. Ich hab's gesehn Wo⟨y⟩zeck; er hat auf die
   Straß gepißt, an die Wand gepißt wie ein Hund⟨–⟩ Und   5
   doch ⟨2⟩ Groschen täglich. Wo⟨y⟩zeck das ist schlecht⟨,
   d⟩ie Welt wird schlecht, sehr schlecht.
W o y z e c k. Aber Herr Doctor, wenn einem die Natur
   kommt.
D o c t o r. Die Natur kommt, die Natur kommt! Die   10
   Natur! Hab' ich nicht nachgewiesen, daß der musculus
   constrictor vesicae dem Willen unterworfen ist? Die Natur! Wo⟨y⟩zeck, der Mensch ist frei, in dem Menschen
   verklärt sich die Individualität zur Freiheit. Den Harn
   nicht halten können! *(schüttelt den Kopf, legt die Hände*   15
   auf den Rücken und geht auf und ab) Hat er schon seine
   Erbsen gegessen, Wo⟨y⟩zeck? – Es giebt eine Revolution
   in der Wissenschaft, ich sprenge sie in die Luft. Harnstoff, 0,10, salzsaures Ammonium, Hyperoxydul. Wo⟨y⟩-
   zeck muß er nicht wieder pissen? geh' er ei⟨n⟩mal hin-   20
   ein und probir er's.
W o y z e c k. Ich kann nit Herr Doctor.
D o c t o r *(mit Affect)* Aber ⟨auf⟩ die Wand pissen! Ich
   hab's schriftlich, den Akkord in der Hand. Ich hab's gesehn, mit dießen Augen gesehn, ich st⟨r⟩eckt⟨e⟩ grade die   25
   Nase zum Fenster hinaus und ließ die Sonn⟨en⟩strahlen
   hinei⟨nf⟩allen, um das Niesen zu beobachten, *(tritt auf*
   ihn los) Nein Wo⟨y⟩zeck, ich ärg⟨er⟩ mich nicht, ⟨Ae⟩r-
   ger ist ungesund, ist unwissenschaftlich. Ich bin ruhig
   ganz ruhig, mein Puls hat seine gewöhnlichen 60 und ich   30
   sag's ihm mit der größten Kaltblütigkeit⟨!⟩ Behüte wer
   wird sich über einen Menschen ärgern, ein Menschen!
   Wenn es noch ein proteus wäre, der [...]! Aber⟨, Woyzeck,⟩ er hätte doch nicht an die Wand pissen sollen –
W o y z e c k. Sehn sie Herr Doctor, manchmal hat ⟨man⟩   35
   so n'en Character, so n'e Structur. – Aber mit der Natur
   ist's was anders, sehn sie mit der Natur *(er kracht mit*
   den Fingern) das ist so was, wie soll ich doch sagen, zum
   Beispiel
D o c t o r. Wo⟨y⟩zeck, er philosophirt wieder.   40

[Hd,8]   *Woyzeck. Der Doktor.*

D o k t o r. Was erleb' ich Woyzeck? Ein Mann von Wort.
W o y z e c k. Was denn Herr Doktor?
D o k t o r. Ich hab's gesehn Woyzeck; Er hat auf die Straß
gepißt, an die Wand gepißt wie ein Hund – Und doch zwei
Groschen täglich. Woyzeck das ist schlecht, die Welt wird
schlecht, sehr schlecht.
W o y z e c k. Aber Herr Doktor, wenn einem die Natur
kommt.
D o k t o r. Die Natur kommt, die Natur kommt! Die Natur! Hab' ich nicht nachgewiesen, daß der Musculus constrictor vesicae dem Willen unterworfen ist? Die Natur!
Woyzeck, der Mensch ist frei, in dem Menschen verklärt
sich die Individualität zur Freiheit. Den Harn nicht halten können! *(Schüttelt den Kopf, legt die Hände auf den
Rücken und geht auf und ab.)* Hat er schon seine Erbsen
gegessen, Woyzeck? – Es gibt eine Revolution in der Wissenschaft, ich sprenge sie in die Luft. Harnstoff, 0,10,
salzsaures Ammonium, Hyperoxydul. Woyzeck muß Er
nicht wieder pissen? Geh' Er eimal hinein und probier
Er's.
W o y z e c k. Ich kann nit Herr Doktor.
D o k t o r *(mit Affekt).* Aber [an] die Wand pissen! Ich
hab's schriftlich, den Akkord in der Hand. Ich hab's gesehn, mit diesen Augen gesehn, ich streckt grade die Nase
zum Fenster hinaus und ließ die Sonnstrahlen hineinfallen, um das Niesen zu beobachten, *(tritt auf ihn los)*
nein Woyzeck, ich ärger mich nicht, Ärger ist ungesund,
ist unwissenschaftlich. Ich bin ruhig ganz ruhig, mein Puls
hat seine gewöhnlichen 60 und ich sag's Ihm mit der größten Kaltblütigkeit! Behüte wer wird sich über einen Menschen ärgern, ein Menschen! Wenn es noch ein Proteus
wäre –! Aber Er hätte doch nicht an die Wand pissen
sollen –
W o y z e c k. Sehn Sie Herr Doktor, manchmal hat man
so 'nen Charakter, so 'ne Struktur. – Aber mit der Natur
ist's was anders, sehn Sie mit der Natur *(er kracht mit den
Fingern)* das ist so was, wie soll ich doch sagen, zum Beispiel –
D o k t o r. Woyzeck, Er philosophiert wieder.

W o y z e c k. *(vertraulich.)* Herr Doctor haben sie schon
was von der doppelten Natur gesehn? Wenn die Sonn in
Mittag steht und es ist als ging die Welt i⟨m⟩ Feuer auf
hat schon eine fürchterliche Stimme zu mir geredt!

D o c t o r. Wo⟨y⟩zeck, er hat eine aberratio.

W o y z e c k *(legt den Finger an die Nase⟨.⟩)* Die
Schwämme Herr Doctor. Da, da steckts. Haben sie schon
gesehn in was für Figuren die Schwämme auf dem Boden
wachsen⟨.⟩ Wer das lesen könnt.

D o c t o r. Wo⟨y⟩zeck er hat die schönste aberratio, men-
talis partialis, ⟨in der⟩ zweite⟨n⟩ Species, sehr schön aus-
geprägt⟨,⟩ Wo⟨y⟩zeck er kriegt Zulage. Zweite Species,
fixe Idee, mit allgemein vernünftigem Zustand, er thut
noch Alles wie sonst, rasirt sein Hauptmann⟨!⟩

W o y z e c k. Ja, wohl.

D o c t o r. Ißt sei Erbse?

W o y z e c k. Immer ordentlich Herr Doctor. Das Geld
für die ⟨M⟩enage kriegt mei⟨ne⟩ Frau.

D o c t o r. Thut sei Dienst⟨,⟩

W o y z e c k. Ja wohl.

D o c t o r. Er ist ein interessanter casus⟨,⟩ Subject W⟨oy⟩-
zeck er kriegt Zulag. Halt er sich brav. Zeig er sei Puls!
Ja.

[Hd,9]   *Hauptmann. Doctor.*

H a u p t m a n n. Herr Doctor, die Pferde machen mir
ganz Angst⟨,⟩ wenn ich denke, daß die armen Bestien zu
Fuß gehn müssen. Rennen Sie nicht so. Rudern Sie mit
ihrem Stock nicht so in der Luft. Sie hetzen sich ja hinter
dem Tod drein. Ein guter Mensch, der sein gutes Gewissen
hat, geht nicht so schnell. Ein guter Mensch⟨.⟩ *(Er er-
wischt den Doctor am ⟨St⟩ock)* Herr Doctor erlauben sie,
daß ich ein Menschen⟨-⟩Leben rette, sie schießen
Herr Doctor, ich bin so schwermütig⟨,⟩ ich habe so was
schwärmerisches, ich muß immer weinen, wenn ich meinen
⟨R⟩ock an der Wand hängen sehe, da hängt er.

D o c t o r. Hm⟨,⟩ aufgedunsen, fett, dicker Hals, apoplec-
tische Constitution. Ja Herr Hauptmann sie können eine
apoplexia cerebr⟨alis⟩ kriegen, sie können sie aber vielleicht auch nur auf der einen Seite bekommen, und dann

W o y z e c k *(vertraulich).* Herr Doktor haben Sie schon
was von der doppelten Natur gesehn? Wenn die Sonn in
Mittag steht und es ist als ging die Welt im Feuer auf hat
schon eine fürchterliche Stimme zu mir geredt!

5 D o k t o r. Woyzeck, er hat eine Aberratio.

W o y z e c k *(legt den Finger an die Nase).* Die Schwämme
Herr Doktor. Da, da steckts. Haben Sie schon gesehn in
was für Figuren die Schwämme auf dem Boden wachsen.
Wer das lesen könnt.

10 D o k t o r. Woyzeck Er hat die schönste Aberratio, menta-
lis partialis, die zweite Spezies, sehr schön ausgeprägt,
Woyzeck Er kriegt Zulage. Zweite Spezies, fixe Idee, mit
allgemein vernünftigem Zustand, Er tut noch alles wie
sonst, rasiert sein Hauptmann!

15 W o y z e c k. Ja, wohl.

D o k t o r. Ißt sei Erbse?

W o y z e c k. Immer ordentlich Herr Doktor. Das Geld
für die Menage kriegt mei Frau.

D o k t o r. Tut sei Dienst,

20 W o y z e c k. Ja wohl.

D o k t o r. Er ist ein interessanter Kasus, Subjekt Woyzeck Er kriegt Zulag. Halt Er sich brav. Zeig Er sei Puls!
Ja.

[Hd,9]   *Hauptmann. Doktor.*

5 H a u p t m a n n. Herr Doktor, die Pferde machen mir
ganz angst, wenn ich denke, daß die armen Bestien zu
Fuß gehn müssen. Rennen Sie nicht so. Rudern Sie mit
Ihrem Stock nicht so in der Luft. Sie hetzen sich ja hinter
dem Tod drein. Ein guter Mensch, der sein gutes Gewis-
10 sen hat, geht nicht so schnell. Ein guter Mensch. *(Er er-
wischt den Doktor am Stock.)* Herr Doktor erlauben Sie,
daß ich ein Menschenleben rette, Sie schießen ...
Herr Doktor, ich bin so schwermütig ich habe so was
Schwärmerisches, ich muß immer weinen, wenn ich meinen
15 Rock an der Wand hängen sehe, da hängt er.

D o k t o r. Hm, aufgedunsen, fett, dicker Hals, apoplek-
tische Konstitution. Ja Herr Hauptmann Sie können eine
Apoplexia cerebralis kriegen, Sie können sie aber vielleicht
auch nur auf der einen Seite bekommen, und dann auf der

auf der einen gelähmt seyn, oder aber sie können im besten Fall geistig gelähmt werden und nur fort vegetiren,
das sind so ⟨oh⟩ngefähr ihre Aussichten auf die nächsten
4 Wochen. ⟨Ue⟩brigens kann ich sie versichern, daß sie
einen von den interessanten Fällen abgeben und wenn
Gott will, daß ihre Zunge zum Theil gelähmt wird, so
machen wir die unsterblichsten Experimente.

H a u p t m a n n. Herr Doctor erschrecken Sie mich nicht,
es sind schon Leute am Schreck gestorben, am bloßen hellen Schreck. – Ich seh⟨e⟩ schon die Leute mit den Citro-
nen in den Händen, aber sie werden sagen, er war ein
guter Mensch, ein guter Mensch – Teufel Sargnagel⟨.⟩

D o c t o r. Was ist das Herr Hauptmann? ⟨d⟩as ist Hohl-
kopf⟨.⟩

H a u p t m a n n *(macht eine Falte⟨.⟩)* Was ist das Herr
Doctor⟨, d⟩as ist Einfalt.

D o c t o r. Ich empfehle mich, geehrtester Herr Exerci⟨e⟩r-
zagel⟨.⟩

H a u p t m a n n. Gleichfalls, bester Herr Sargnagel. ⟨–⟩

[Hd,10]   *Die Wachtstube.*
                           Woyzeck. Andres.

A n d r e s. *(singt)*
       Frau Wirthin hat n'e brave Magd
       Sie si⟨t⟩zt im Garten Tag und Nacht
       Sie si⟨t⟩zt in ihrem Garten …
W o y z e c k. Andres!
A n d r e s. Nu?
W o y z e c k. Schön Wetter.
A n d r e s. Sonntagsonnwetter. ⟨–⟩ Musik vor der Stadt.
Vorhin sind ⟨D⟩ie Weibsbilder hin⟨aus⟩, die Mensche
dampfe, das geht.
W o y z e c k. *(unruhig)* Tanz⟨,⟩ Andres, sie tanze⟨.⟩
A n d r e s. Im Rössel und i⟨n⟩ Stern⟨en⟩.
W o y z e c k. Tanz, Tanz.
A n d r e s. Meintwege.
       Sie sitzt in ihrem Garten
       bis daß das Glöcklein zwölfe schlägt
       Und paßt auf die Solda-aten.
W o y z e c k. Andres, ich hab kei⟨n⟩ Ruh.

einen gelähmt sein, oder aber Sie können im besten Fall geistig gelähmt werden und nur fort vegetieren, das sind so ohngefähr Ihre Aussichten auf die nächsten vier Wochen. Übrigens kann ich Sie versichern, daß Sie einen von den interessanten Fällen abgeben und wenn Gott will, daß Ihre Zunge zum Teil gelähmt wird, so machen wir die unsterblichsten Experimente.

Hauptmann. Herr Doktor erschrecken Sie mich nicht, es sind schon Leute am Schreck gestorben, am bloßen hellen Schreck. – Ich sehe schon die Leute mit den Zitronen in den Händen, aber sie werden sagen, er war ein guter Mensch, ein guter Mensch – Teufel Sargnagel.

Doktor *[(hält ihm den Hut hin)]*. Was ist das Herr Hauptmann? Das ist Hohlkopf.

Hauptmann *(macht eine Falte)*. Was ist das Herr Doktor, das ist Einfalt.

Doktor. Ich empfehle mich, geehrtester Herr Exerzierzagel.

Hauptmann. Gleichfalls, bester Herr Sargnagel. –

[Hd,10]   *Die Wachtstube.*
                           Woyzeck. Andres.

Andres *(singt)*.
        Frau Wirtin hat 'ne brave Magd
        Sie sitzt im Garten Tag und Nacht
        Sie sitzt in ihrem Garten ...

Woyzeck. Andres!

Andres. Nu?

Woyzeck. Schön Wetter.

Andres. Sonntagsonnwetter. – Musik vor der Stadt. Vorhin sind die Weibsbilder hin, die Mensche dampfe, das geht.

Woyzeck *(unruhig)*. Tanz, Andres, sie tanze.

Andres. Im Rössel und im Sternen.

Woyzeck. Tanz, Tanz.

Andres. Meintwege.
        Sie sitzt in ihrem Garten
        Bis daß das Glöcklein zwölfe schlägt
        Und paßt auf die Solda-aten.

Woyzeck. Andres, ich hab kein Ruh.

A n d r e s. Narr!

W o y z e c k. Ich muß hinaus. Es dreht sich mir vor den
  Augen. ⟨Tanz. Tanz. was⟩ sie heiße Händ habe. Verdammt Andres!

A n d r e s. Was willst du?

W o y z e c k. Ich muß fort⟨, muß sehen⟩.

A n d r e s. Mit dem Mensch.

W o y z e c k. Ich muß hinaus, s'ist so heiß da hie.

[Hd,11]   *Wirthshaus.*
  Die Fenster offen, Tanz. Bänke vor dem Haus. Bursche.

1. H a n d w e r k s b u r s c h.
                    Ich hab ein Hemdlein an
                    das ist nicht mein
                    Meine Seele stinkt nach Bran⟨n⟩dewein⟨,⟩ –

2. H a n d w e r k s b u r s c h. Bruder, soll ich dir aus
  Freundschaft ein Loch in die Natur machen? [...] ⟨I⟩ch
  will ein Loch in die Natur machen. Ich bin auch ein Kerl,
  du weißt, ich will ihm alle Flöh am Leib todt schlagen.

1. H a n d w e r k s b u r s c h. Meine Seele, mei Seele stinkt
  nach Brandewein. ⟨–⟩ Selbst das Geld geht in Verwesung
  über. Vergißmeinich⟨t⟩! Wie ist dieße Welt so schön. Bruder, ich muß ein Regenfaß voll greinen. Ich wollt uns⟨r⟩e
  Nase⟨n⟩ wär⟨e⟩n zwei Bouteille und wir könnte⟨n⟩
  sie uns einander in de⟨n⟩ Hals gießen.

⟨⟨A n d r e⟩ *im Chor:*
                    Ein Jäger aus der Pfalz,
                    ritt einst durch ein⟨en⟩ grünen Wald⟨,⟩
                    Halli, halloh, ⟨⟨ha⟩ lustig ist die Jägerei
                    Allhier auf grüner Heid
                    Das Jagen ist mei Freud.⟩

*(Woyzeck stellt sich an⟨'⟩s Fenster⟨.⟩ Marie und der Tam-
    bourmajor tanzen vorbey, ohne ihn zu bemerken)*

⟨W o y z e c k. Er! Sie! Teufel!⟩

M a r i e. *(im Vorbeytanz⟨:⟩* immer, zu, immer zu⟨.⟩)

W o y z e c k⟨.⟩ *(erstickt)* Immer zu⟨.⟩ – immer zu⟨.⟩
  (fährt heftig auf und sinkt zurück auf die Bank) immer
  zu immer zu, *(schlägt die Hände in einander)* ⟨D⟩reht
  Euch, wälzt Euch. Warum bläst Gott nicht ⟨die⟩ Sonn
  aus, daß Alles in Unzucht sich über⟨ei⟩nande⟨r w⟩älzt,

A n d r e s. Narr!
W o y z e c k. Ich muß hinaus. Es dreht sich mir vor
    den Augen. Was sie heiße Händ habe. Verdammt An-
    dres!
5 A n d r e s. Was willst du?
W o y z e c k. Ich muß fort.
A n d r e s. Mit dem Mensch.
W o y z e c k. Ich muß hinaus, 's ist so heiß da hie.

[Hd,11]   *Wirtshaus.*
0 *Die Fenster offen, Tanz. Bänke vor dem Haus. Bursche.*

1. H a n d w e r k s b u r s c h.
                Ich hab ein Hemdlein an
                Das ist nicht mein
                Meine Seele stinkt nach Brandewein, –
5 2. H a n d w e r k s b u r s c h. Bruder, soll ich dir aus
    Freundschaft ein Loch in die Natur machen? Ich will ein
    Loch in die Natur machen. Ich bin auch ein Kerl, du weißt,
    ich will Ihm alle Flöh am Leib totschlagen.
1. H a n d w e r k s b u r s c h. Meine Seele, mei Seele stinkt
0   nach Brandewein. – Selbst das Geld geht in Verwesung
    über. Vergißmeinicht! Wie ist diese Welt so schön. Bruder,
    ich muß ein Regenfaß voll greinen. Ich wollt unse Nase
    wärn zwei Bouteille und wir könnte sie uns einander in
    de Hals gießen.
5 A n d r e *(im Chor):*
                Ein Jäger aus der Pfalz,
                Ritt einst durch einen grünen Wald,
                Halli, halloh, ha lustig ist die Jägerei
                Allhier auf grüner Heid
0   Das Jagen ist mei Freud.
(Woyzeck stellt sich ans Fenster. Marie und der Tambour-
        major tanzen vorbei, ohne ihn zu bemerken.)
M a r i e *(im Vorbeitanz:* immer, zu, immer zu.*)*
W o y z e c k *(erstickt).* Immer zu. – immer zu. *(Fährt heftig*
5   *auf und sinkt zurück auf die Bank.)* Immer zu immer zu
    (schlägt die Hände ineinander). Dreht Euch, wälzt Euch.
    Warum bläst Gott nicht [die] Sonn aus, daß alles in Un-
    zucht sich übernanderwälzt, Mann und Weib, Mensch

Mann und Weib, Mensch und Vieh. Thut's am hellen Tag,
thut's einem auf den Händen, wie die Mücken. – Weib. –
Das Weib ist heiß, heiß! – Immer zu, immer zu. *(fährt
auf)* Der Kerl⟨!⟩ Wie er an ihr herum⟨tappt⟩, an ihrem
Leib, er er hat sie wie [...] zu Anfang⟨.⟩

1. H a n d w e r k s b u r s c h⟨.⟩ *(predigt auf dem Tisch)*
Jedoch wenn ein Wand⟨er⟩er, der gelehnt steht an de⟨m⟩
Strom der Zeit oder aber sich die göttliche Weisheit beantwortet und sich anredet: Warum ist der Mensch? Warum ist der Mensch? – Aber wahrlich ich sage Euch, von
was hätte der Landmann, der Weißbinder, der Schuster,
der Arzt leben sollen, wenn Gott den Menschen nicht geschaffen hätte? Von was hätte der Schneider leben sollen,
wenn er dem Menschen nicht die Empfindung der Schaam
eingepflanzt ⟨hätte⟩, von was der Soldat, wenn ⟨e⟩r ihn
nicht mit dem Bedürfniß sich todtzuschlagen ausgerüstet
hätte⟨.⟩ Darum zweifelt nicht, ja ja, es ist lieblich und
fein, aber Alles Irdische ist ⟨eitel⟩, selbst das Geld geht
in Verwesung über. – Zum Beschluß⟨,⟩ meine geliebten
Zuhörer laßt uns noch über's Kreuz pissen, damit ein
Jud stirbt.

[Hd,12]   *Freies Feld.*

W o y z e c k. Immer zu! immer zu! Still Musik⟨. –⟩ *(reckt
sich gegen den Boden)* Ha was, was sagt ihr? Lauter,
lauter, ⟨–⟩ stich, stich die Zickwolfin todt? stich, stich die
Zickwolfin todt. Soll ich? Muß ich? Hör ich's da auch,
sagt's der Wind auch? Hör ich's immer, immer zu, stich
todt, todt.

[Hd,13]   *Nacht.*
Andres und Woyzeck in einem Bett.

W o y z e c k *(schüttelt Andres)* Andres! Andres! ich kann
nit schlafe, wenn ich die Aug zumach, dreh⟨'⟩t sich's
immer und ich hör die Geigen, immer zu, immer zu.
und dann spricht's aus der Wand hörst du nix?

A n d r e s. Ja, – laß sie tanze⟨n⟩! ⟨Einer ist müd, und
dann⟩ Gott behüt uns, Amen. ⟨–⟩ *(schläft wieder ein)*

W o y z e c k. [...] und zieht mir zwischen den Augen wie
ein Messer.

und Vieh. Tut's am hellen Tag, tut's einem auf den Händen, wie die Mücken. – Weib. – Das Weib ist heiß, heiß! –
Immer zu, immer zu. *(Fährt auf.)* Der Kerl! Wie er an ihr
herumtappt, an ihrem Leib, er er hat sie wie immer zu Anfang.

1. H a n d w e r k s b u r s c h *(predigt auf dem Tisch).* Jedoch wenn ein Wandrer, der gelehnt steht an dem Strom
der Zeit oder aber sich die göttliche Weisheit beantwortet
und sich anredet: Warum ist der Mensch? Warum ist der
Mensch? – Aber wahrlich ich sage Euch, von was hätte der
Landmann, der Weißbinder, der Schuster, der Arzt leben
sollen, wenn Gott den Menschen nicht geschaffen hätte?
Von was hätte der Schneider leben sollen, wenn er dem
Menschen nicht die Empfindung der Scham eingepflanzt,
von was der Soldat, wenn er ihn nicht mit dem Bedürfnis
sich totzuschlagen ausgerüstet hätte. Darum zweifelt nicht,
ja ja, es ist lieblich und fein, aber alles Irdische ist eitel,
selbst das Geld geht in Verwesung über. – Zum Beschluß,
meine geliebten Zuhörer laßt uns noch über's Kreuz pissen, damit ein Jud stirbt.

[Hd,12]   *Freies Feld.*

W o y z e c k. Immer zu! Immer zu! Still Musik. – *(Reckt
sich gegen den Boden.)* Ha was, was sagt ihr? Lauter,
lauter, – stich, stich die Zickwolfin tot? stich, stich die
Zickwolfin tot. Soll ich? Muß ich? Hör ich's da auch, sagt's
der Wind auch? Hör ich's immer, immer zu, stich tot, tot.

[Hd,13]   *Nacht.*
                Andres und Woyzeck in einem Bett.

W o y z e c k *(schüttelt Andres).* Andres! Andres! Ich kann
nit schlafen, wenn ich die Aug zumach, dreh't sich's immer
und ich hör die Geigen, immer zu, immer zu. Und dann
spricht's aus der Wand hörst du nix?

A n d r e s. Ja, – laß sie tanzen! Gott behüt uns, Amen. –
(Schläft wieder ein.)

W o y z e c k. Und zieht mir zwischen den Augen wie ein
Messer.

A n d r e s. Du mußt Schnaps trinke⟨n⟩ und Pulver drin,
⟨der⟩ schneidt das Fieber.

[Hd,14]   *Wirthshaus.*
                        Tambour-Major. Woyzeck. Leute.

T a m b o u r - M a j o r. Ich bin ein Mann! *(schlägt sich auf
die Brust)* ein Mann sag' ich.
   Wer will was? Wer kein besoff⟨e⟩n Herrgott ist der laß
sich von mir. Ich will ihm die Nas ins Arschloch prügeln.
Ich will – *(zu Woyzeck)* ⟨da⟩ Kerl, sauf, ⟨der Mann muß
saufen,⟩ ich wollt die Welt wär Schnaps, Schnaps.
W o y z e c k *pfeift.*
T a m b o u r ⟨-⟩ M a j o r. Kerl, soll ich ⟨d⟩ir die Zung
aus dem Hals zieh⟨e⟩ und sie um den Leib herumwik-
k⟨eln⟩? *(sie ringen, Wo⟨y⟩zeck verliert)* soll ich dir noch
soviel Athem lassen als en Altweiberfurz, soll ich?
W o y z e c k *(se⟨t⟩zt sich erschöpft zitternd auf ⟨die⟩
Bank).*
T a m b o u r m. Der Kerl soll dunkelblau pfeifen.
      ⟨Ha.⟩   Brandewein das ist mein Leben
                Brandwein giebt courage!
E i n e. Der hat sei Fett.
A n d r e ⟨r⟩. Er blut.
W o y z e c k. Eins nach dem andern.

[Hd,15]   *Woyzeck. Der Jude.*

W o y z e c k. Das Pistolche ist zu theuer.
J u d. Nu, kauft's oder kauft's nit, was is?
W o y z e c k. Was kost das Messer.
J u d. S'ist ⟨ganz⟩, grad. Wollt Ihr Euch den Hals mit ab-
schneide⟨, n⟩u, was is es? Ich geb's Euch so wohlfeil wie
ein andrer, Ihr sollt Euern Tod wohlfeil haben, aber doch
nit umsonst. Was is es? Er soll ⟨einen⟩ ökonomisch⟨en⟩
Tod habe.
W o y z e c k. Das kann mehr als Brod schneide⟨n⟩.
J u d. Zwe⟨e⟩ Grosche.
W o y z e c k. Da! *(geht ab)*
J u d. Da! Als ob's nichts wär. Und ⟨es⟩ is doch Geld. Der
Hund.

A n d r e s. Du mußt Schnaps trinke und Pulver drin, der
schneidt das Fieber.

[Hd,14] *Wirtshaus.*
Tambourmajor. Woyzeck. Leute.

5 T a m b o u r m a j o r. Ich bin ein Mann! *(Schlägt sich auf
die Brust.)* Ein Mann sag' ich.
Wer will was? Wer kein besoffn Herrgott ist der laß sich
von mir. Ich will ihm die Nas ins Arschloch prügeln. Ich
will – *(zu Woyzeck)* da Kerl, sauf, der Mann muß saufen,
10 ich wollt die Welt wär Schnaps, Schnaps.
W o y z e c k *(pfeift).*
T a m b o u r m a j o r. Kerl, soll ich dir die Zung aus dem
Hals ziehe und sie um den Leib herumwickle? *(Sie ringen,
Woyzeck verliert.)* Soll ich dir noch soviel Atem lassen als
15 en Altweiberfurz, soll ich?
W o y z e c k *(setzt sich erschöpft zitternd auf die Bank).*
T a m b o u r m a j o r. Der Kerl soll dunkelblau pfeifen.
          Ha. Brandewein das ist mein Leben
          Brandwein gibt Courage!
20 E i n e. Der hat sei Fett.
A n d r e. Er blut.
W o y z e c k. Eins nach dem andern.

[Hd,15] *Woyzeck. Der Jude.*

W o y z e c k. Das Pistolche ist zu teuer.
25 J u d. Nu, kauft's oder kauft's nit, was is?
W o y z e c k. Was kost das Messer.
J u d. 's ist ganz, grad. Wollt Ihr Euch den Hals mit abschneide, nu was is es? Ich geb's Euch so wohlfeil wie ein
andrer, Ihr sollt Euern Tod wohlfeil haben, aber doch
30 nit umsonst. Was is es? Er soll ein ökonomische Tod
habe.
W o y z e c k. Das kann mehr als Brot schneiden.
J u d. Zwee Grosche.
W o y z e c k. Da! *(Geht ab.)*
35 J u d. Da! Als ob's nichts wär. Und es is doch Geld. Der
Hund.

[Hd,16]   *Marie (allein⟨)⟩ blättert in der Bibel.)*

Und ist kein Betrug in seinem Munde erfunden. Herrgott⟨.⟩ Herrgott! Sieh mich nicht an. *(blättert weiter:[)]* aber die Pharisäer brachten ein Weib zu ihm, im Ehebruch begriffen und stellten sie in's Mittel dar. – Jesus aber sprach: so verdamme ich ⟨d⟩ich auch nicht. Geh hin und sündige hinfort nicht mehr. *(schlägt die Hände zusammen)* Herrgott! Herrgott! Ich kann nicht. Herrgott gieb mir nur soviel, daß ich beten kann. *(das Kind drängt sich an sie)* Das Kind giebt mir einen Stich in's Herz. [...]! Das [...] sich in der Sonne!

⟨N a r r⟨.⟩ *([...] und erzählt sich [...] an den Fingern)⟩* Der hat die golden Kron, der Herr König. Morgen hol' ich der Frau Königin ihr Kind. Blutwurst sagt: komm Leberwurst *(er nimmt das Kind und wird still)*

[...] Der Franz ist nit gekomm, gestern nit, heut nit, es wird heiß hie⟨r.⟩ *(sie macht das Fenster auf.)*

Und trat hinein zu seinen Füßen und weinete und fing an seine Füße zu netzen mit Thränen und mit den Haaren ihres Hauptes zu trocknen und küssete seine Füße und salbete sie mit Salben. *(schlägt sich auf die Brust)* Alles todt! Heiland, Heiland ich möchte ⟨d⟩ie die Füße salben⟨.⟩

[Hd,17]   ⟨K⟩aserne.
        Andres. Woyzeck⟨.⟩ kramt in seinen Sachen.

W o y z e c k. Das Kamisolche Andres, ist nit zur Montur, du kannst's brauche Andres. Das Kreuz is⟨t⟩ meiner Schwester und das Ringlein, ich hab auch noch ein Heiligen, zwei Herze und schön Gold, es lag in meiner Mutter Bibel, und da steht:

> ⟨Leiden sey all mein Gewinst,
> Leiden sey mein Gottesdienst⟨,⟩⟩
>
> Herr wie dein Leib war roth und wund
> So laß mein Herz seyn aller Stund.

Mei Mutter fühlt nur noch, wenn ihr die Sonn auf die Händ scheint⟨, –⟩ Das thut nix.
A n d r e s. *(ganz starr, sagt zu Allem:* ja wohl)⟨.⟩

[Hd,16]   *Marie, blättert in der Bibel.*

Und ist kein Betrug in seinem Munde erfunden. Herrgott.
Herrgott! Sieh mich nicht an. *(Blättert weiter:)* aber die
Pharisäer brachten ein Weib zu ihm, im Ehebruch begrif-
5   fen und stelleten sie in's Mittel dar. – Jesus aber sprach:
so verdamme ich dich auch nicht. Geh hin und sündige
hinfort nicht mehr. *(Schlägt die Hände zusammen.)* Herrgott! Herrgott! Ich kann nicht. Herrgott gib mir nur soviel, daß ich beten kann. *(Das Kind drängt sich an sie.)*
10   Das Kind gibt mir einen Stich in's Herz ...

N a r r *(erzählt sich Wünsch an den Fingern).* Der hat die
golden Kron, der Herr König. Morgen hol' ich der Frau
Königin ihr Kind. Blutwurst sagt: komm Leberwurst ...
(Er nimmt das Kind und wird still.)
15 [M a r i e.] Der Franz ist nit gekomm, gestern nit, heut
nit, es wird heiß hie. *(Sie macht das Fenster auf.)*
Und trat hinein zu seinen Füßen und weinete und fing an
seine Füße zu netzen mit Tränen und mit den Haaren ihres
Hauptes zu trocknen und küssete seine Füße und salbete
20   sie mit Salben. *(Schlägt sich auf die Brust.)* Alles tot! Heiland, Heiland ich möchte dir die Füße salben.

[Hd,17]   *Kaserne.*
          Andres. Woyzeck kramt in seinen Sachen.

W o y z e c k. Das Kamisolche Andres, ist nit zur Montur,
25   du kannst's brauche Andres. Das Kreuz is meiner Schwester und das Ringlein, ich hab auch noch ein Heiligen,
zwei Herze und schön Gold, es lag in meiner Mutter Bibel, und da steht:

          Leiden sei all mein Gewinst,
30   Leiden sei mein Gottesdienst,

          Herr wie dein Leib war rot und wund
          So laß mein Herz sein aller Stund.

Mei Mutter fühlt nur noch, wenn ihr die Sonn auf die
Händ scheint. – Das tut nix.
35 A n d r e s *(ganz starr, sagt zu allem:)* Ja wohl.

W o y z e c k⟨.⟩ *(zieht ein Papier hervor⟨.⟩)* Friedrich Johann Franz Woyzeck, Wehrmann, Füsilir im 2. Regiment,
   2. Bataillon⟨,⟩ 4. ⟨C⟩ompagnie, geboren […] ich bin
   heut Mari⟨ae⟩ Verkündigung den 20. Juli alt 30 Jahr
   7 Monat und 12 Tage.   5
A n d r e s. Franz⟨,⟩ du kommst in's Lazareth. Armer ⟨d⟩u
   mußt Schnaps trinke⟨n⟩ und Pulver drin das tödt das
   Fieber.
W o y z e c k. Ja Andres, w⟨a⟩nn der Schreiner die Hobelspän samm⟨el⟩t, es weiß niemand, wer sein Kopf drauf   10
   lege wird.

[Die von Büchner nicht gestrichenen übrigen Szenen der
   Handschrift Ha sind auf S. 46 u. 48 abgedruckt.]

[MORD-KOMPLEX Ha,4–10]

[Ha,4]   *Margreth mit Mädchen vor der Hausthür*

M ä d c h e n. Wie scheint die Sonn ⟨St.⟩ Lichtmeßtag
                Und steht das Korn im Blühn⟨.⟩
                Sie gingen wohl die ⟨Straße⟩ hin   1
                Sie gingen zu zwei und zwei
                Die Pfeifer gingen vorn⟨,⟩
                Die Geiger hinte⟨r⟩ drein⟨,⟩
                Sie hatte rothe Sock
1. K i n d. ⟨S'ist⟩ nit schön.   2
2. […] Was willst du auch immer⟨.⟩
   Was hast zuerst an⟨ge⟩fangen⟨.⟩
                                      ⟨Warum?
   Ich kann nit⟨.⟩   Darum?
   Es muß ⟨singen.⟩   Aber warum darum?⟩   2
   Ma⟨r⟩grethche sing du uns.
M a r g r e t h. Kommt ihr klei Krabben!
        Ringle, ringel Rosenkranz. König Herodes.
   Großmutter erzähl.
G r o s s m u t t e r. Es war ei⟨n⟩mal ein arm Kind und 3

W o y z e c k *(zieht ein Papier hervor).* Friedrich Johann
   Franz Woyzeck, Wehrmann, Füsilier im 2. Regiment,
   2. Bataillon 4. Kompanie, geboren ... ich bin heut Mariä
   Verkündigung den 20. Juli alt 30 Jahr 7 Monat und 12
5 Tage.
A n d r e s. Franz, du kommst in's Lazarett. Armer du mußt
   Schnaps trinke und Pulver drin das töt' das Fieber.
W o y z e c k. Ja Andres, wann der Schreiner die Hobelspän
   sammelt, es weiß niemand, wer sein Kopf drauf lege wird.

[Die von Büchner nicht gestrichenen übrigen Szenen der
   Handschrift Ha sind auf S. 47 u. 49 abgedruckt.]

[MORD-KOMPLEX Ha,4–10]

10 [Ha,4]   *Marie mit Mädchen vor der Haustür.*

M ä d c h e n.   Wie scheint die Sonn St. Lichtmeßtag
                    Und steht das Korn im Blühn.
                    Sie gingen wohl die Straße hin
                    Sie gingen zu zwei und zwei
15   Die Pfeifer gingen vorn
                    Die Geiger hinte drein.
                    Sie hatte rote Sock ...
1. K i n d. 's ist nit schön.
2. [K i n d.] Was willst du auch immer.
20   ⎧ Was hast zuerst angefangen.
                                        Warum?
[K i n d e r.] ⎨ Ich kann nit.   Darum?
           ⎪ Es muß singen.   Aber warum darum?
           ⎩ Marieche sing du uns.
25 M a r i e. Kommt ihr klei Krabben!
      Ringle, ringel Rosenkranz. König Herodes.
   Großmutter erzähl.
G r o ß m u t t e r. Es war eimal ein arm Kind und hat kei

hat kei Vater und kei Mutter⟨,⟩ war Alles todt und war
Niemand mehr auf der Welt. Alles todt, und es ist hin-
g⟨eg⟩angen und hat [...] Tag und Nacht. Und [...] auf
der Erd Niemand mehr war, wollt's in Himmel gehn,
und der Mond guckt es so freundlich an und wie's end-   5
lich zum Mond kam, war's ein Stück faul Holz und da
ist es zur Sonn gangen und wie ⟨es⟩ zur Sonn kam war's
ein [...] Sonneblum und wie's zu den Sterne kam, warens klei gold⟨e⟩ Mück, die waren angesteckt wie der
Neuntödter sie auf die Schlehe⟨n⟩ steckt und wie⟨'⟩s   10
wieder auf die Erd wollt, war die Erd ein umgestürzter
Hafen und war ganz allein⟨,⟩ und da hat sich's hingesetzt und geweint⟨,⟩ und da sitzt es noch und ist ganz
allein⟨.⟩

L o u i s. Ma⟨r⟩greth!   15
M a r g r e t h⟨.⟩ *(erschreckt* was ist)
L o u i s. Ma⟨r⟩greth wir woll⟨e⟩n gehn⟨. s'⟩ ist Zeit.
M a r g r e t h. Wohinaus.
L o u i s. Weiß ich's?

[Ha,5]   *Margreth und Louis.*   20
M a r g r e t h. Also dort hinaus ist die Sta⟨dt s'⟩ist finster.
L o u i s. Du sollst noch bleiben. Komm setz dich.
M a r g r e t h. Aber ich muß fort.
L o u i s. Du wirst dir die Füß⟨e⟩ nicht wund laufen.
M a r g r e t h. Wie bist du [...] auch⟨?⟩   25
L o u i s. Weißt du auch wie lang es [...] ist⟨,⟩ Ma⟨r⟩-
greth
M a r g r e t h. [...] 2 Jahr
L o u i s. Weißt du auch wie lang es noch seyn wird?
M a r g r e t h. Ich muß fort das Nachtessen [...]   30
L o u i s. Friert's dich Ma⟨r⟩greth, und doch bist du warm.
Was du heiße Lippen hast! (heiß, heiß⟨en⟩ Hurenathem)
und doch möcht' ich den Himmel geben sie noch ei⟨n⟩mal
zu küssen
[...] und wenn man kalt ist⟨,⟩ so friert man nicht mehr.   35
Du wirst vom Morgen⟨th⟩au nicht frieren.
M a r g r e t h. Was sagst du?
L o u i s. Nix.
                    (⟨s⟩chweigen)
M a r g r e t h. Was der Mond roth auf geht.   40

Vater und kei Mutter[,] war alles tot und war niemand
mehr auf der Welt. Alles tot, und es ist hingangen und
hat [gesucht] Tag und Nacht. Und wie auf der Erd niemand mehr war, wollt's in Himmel gehn, und der Mond
5 guckt es so freundlich an und wie's endlich zum Mond
kam, war's ein Stück faul Holz und da ist es zur Sonn gangen und wie es zur Sonn kam war's ein [verwelkt] Sonneblum und wie's zu den Sterne kam, warens klei golde
Mück, die waren angesteckt wie der Neuntöter sie auf die
10 Schlehen steckt und wie's wieder auf die Erd wollt, war
die Erd ein umgestürzter Hafen und war ganz allein und
da hat sich's hingesetzt und geweint, und da sitzt es noch
und ist ganz allein.
W o y z e c k. Marie!
15 M a r i e *(erschreckt)*. Was ist.
W o y z e c k. Marie wir wolln gehn 's ist Zeit.
M a r i e. Wohinaus.
W o y z e c k. Weiß ich's?

[Ha,5]   *Marie und Woyzeck.*

20 M a r i e. Also dort hinaus ist die Stadt 's ist finster.
W o y z e c k. Du sollst noch bleiben. Komm setz dich.
M a r i e. Aber ich muß fort.
W o y z e c k. Du wirst dir die Füße nicht wundlaufen.
M a r i e. Wie bist du auch?
25 W o y z e c k. Weißt du auch wie lang es just ist Marie –
M a r i e. An Pfingsten zwei Jahr.
W o y z e c k. Weißt du auch wie lang es noch sein wird?
M a r i e. Ich muß fort das Nachtessen richten.
W o y z e c k. Friert's dich Marie, und doch bist du warm.
30 Was du heiße Lippen hast! (Heiß, heißen Hurenatem und
doch möcht' ich den Himmel geben sie noch einmal zu
küssen.)
Sterben und wenn man kalt ist, so friert man nicht mehr.
Du wirst vom Morgentau nicht frieren.
35 M a r i e. Was sagst du?
W o y z e c k. Nix.
                    (Schweigen.)
M a r i e. Was der Mond rot aufgeht.

L o u i s. Wie ein blutig Eisen.
M a r g r e t h. Was hast du vor? Louis, du bist so blaß⟨.⟩
Louis halt ⟨ein!⟩ Um des Himmels willen, Hü Hülfe
L o u i s. Nimm das und das! Kannst du nicht sterben⟨.⟩
So! so! Ha sie zuckt noch, noch nicht⟨,⟩ noch nicht? Im- 5
mer noch? *(stößt zu)*
Bist du todt? Todt! Todt!
                    (es kommen Leute, läuft weg)

[Ha,6]   *Es kommen Leute.*

1. P e r s o n. Halt!   10
2. P e r s o n. Hörst du? Still! ⟨Da!⟩
1.   Uu! Da! Was ein Ton.
2.   Es ist das Wasser, es ruft, schon ⟨lang ist⟩
Niemand ertrunken. Fort⟨,⟩ s'ist nicht gut, es zu hören.
1.   Uu je⟨t⟩zt wieder. Wie ein Mensch der stirbt. 15
2.   Es ist unheimlich, [...] halb Nebel, grau und
das Summen der Käfer wie gesprung⟨ene⟩ Glocken. Fort!
1.   Nein, zu deutlich, zu laut. Da hinauf. Komm
mit.

[Ha,7]   *Das Wirthshaus.*   20

L o u i s. Tanzt alle, immer zu, schwizt und stinkt, er holt
Euch doch ei⟨n⟩mal Alle.
    (singt)   Frau Wirthin hat 'ne brave Magd
                    Sie sitzt im Garten Tag und Nacht
                    Sie sitzt in ihrem Garten   25
                    Bis daß das Glöcklein zwölfe schlägt
                    Und paßt auf die Soldaten.
(er tanzt⟨.⟩) So Käthe! setz dich! Ich hab heiß, heiß *(er
zieht den Rock aus)* es ist ei⟨n⟩mal so⟨,⟩ der Teufel holt
die eine und läßt die andre laufen. Käthe du bist heiß! 30
Warum [...] Käthe du wirst auch noch kalt werden. Sey
vernünftig. Kannst du nicht singe⟨n⟩?
[...]   Ins Schwabeland das mag ich nicht
                    Und lange Kleider trag ich nicht
                    Denn lange Kleider spitze Schuh,   35
                    Die kommen keiner Dienstmagd zu.
[...] Nein, kei Schuh, man kann auch ohn Schuh in die
Höll gehn.

W o y z e c k. Wie ein blutig Eisen.

M a r i e. Was hast du vor? Franz, du bist so blaß. Franz
halt. Um des Himmels willen, Hü Hülfe . . .

W o y z e c k. Nimm das und das! Kannst du nicht sterben.
So! So! Ha sie zuckt noch, noch nicht noch nicht? Immer
noch? *(Stößt zu.)*

Bist du tot? Tot! Tot!

(Es kommen Leute, läuft weg.)

[Ha,6]   *Es kommen Leute.*

1. P e r s o n. Halt!
2. P e r s o n. Hörst du? Still! Da!
1. [P e r s o n.] Uu! Da! Was ein Ton.
2. [P e r s o n.] Es ist das Wasser, es ruft, schon lang ist niemand ertrunken. Fort 's ist nicht gut, es zu hören.
1. [P e r s o n.] Uu jetzt wieder. Wie ein Mensch der stirbt.
2. [P e r s o n.] Es ist unheimlich, so duftig – halb Nebel, grau
und das Summen der Käfer wie gesprungene Glocken. Fort!
1. [P e r s o n.] Nein, zu deutlich, zu laut. Da hinauf. Komm
mit.

[Ha,7]   *Das Wirtshaus.*

W o y z e c k. Tanzt alle, immer zu, schwitzt und stinkt,
er holt Euch doch einmal alle.

(Singt.)   Frau Wirtin hat 'ne brave Magd
                  Sie sitzt im Garten Tag und Nacht
                  Sie sitzt in ihrem Garten
                  Bis daß das Glöcklein zwölfe schlägt
                  Und paßt auf die Soldaten.

(Er tanzt.) So Käthe! Setz dich! Ich hab heiß, heiß *(er
zieht den Rock aus)* es ist eimal so, der Teufel holt die
eine und läßt die andre laufen. Käthe du bist heiß! Warum
denn? Käthe du wirst auch noch kalt werden. Sei vernünftig. Kannst du nicht singen?

[K ä t h e.]   Ins Schwabeland das mag ich nicht
                  Und lange Kleider trag ich nicht
                  Denn lange Kleider spitze Schuh,
                  Die kommen keiner Dienstmagd zu.

[W o y z e c k.] Nein, kei Schuh, man kann auch ohn Schuh
in die Höll gehn.

[. . .]   O pfui mein Schatz das war nicht fein.
                          Behalt dei⟨n⟩ Thaler und schlaf allein.
[. . .] Ja wahrhaftig⟨,⟩ ich möchte mich nicht blutig ma-
che⟨n⟩.
K ä t h e. Aber was hast du an dei Hand?   5
L o u i s. Ich? Ich?
K ä t h e. Roth⟨,⟩ Blut
                    (es stellen sich Leute um sie)
L o u i s. Blut? Blut⟨?⟩
W i r t h. Uu Blut.   10
L o u i s. Ich glaub ich hab' mich geschnitten, da an ⟨die⟩
rechte⟨n⟩ Hand.
W i r t h. Wie kommt's aber an den Ellenbog?
L o u i s. Ich hab's abgewischt.
W i r t h. Was mit der rechten Hand an den rechten Ell-   15
bogen⟨.⟩ Ihr seyd geschickt⟨.⟩
N a r r. Und da hat der Ries gesagt: ich riech, ich riech, ⟨ich
riech⟩ Mensche⟨n⟩fleisch. Puh⟨.⟩ Das stinkt schon
L o u i s. Teufel, was wollt Ihr? Was geht's Euch an? Platz!
oder der erste – Teufel⟨.⟩ Meint Ihr ich hätt Jemand um-   20
gebracht? ⟨b⟩in ich Mörder? Was gafft Ihr! Guckt Euch
selbst an⟨.⟩ Platz da *(er läuft hinaus.)*

[Ha,8]   *Kinder.*

1. K i n d. Fort [. . . Ma⟨r⟩grethe . . .]
2. K i n d. Was is⟨.⟩   25
1. K i n d. Weißt du's nit⟨.⟩ Sie sind schon alle hinaus.
Drauß liegt eine?
2. K i n d. Wo?
1. K i n d. Links über die ⟨Lochschanz⟩ in [. . .], am rothen
Kreuz.   30
2. K i n d. [. . .] daß wir noch was sehen. Sie trage [. . .]
hinein.

[Ha,9]   *Louis, allein.*

Das Messer? Wo ist das Messer? Ich hab' es da gelassen.
Es verräth mich! Näher, noch näher! Was ist das für ein   35
Platz? Was hör ich? Es rührt sich was. Still. Da in de⟨r⟩
Nähe. Ma⟨r⟩greth? Ha Ma⟨r⟩greth! Still. Alles still!
(Was bist du so bleich, Ma⟨r⟩greth? Was hast du eine

[K ä t h e.] O pfui mein Schatz das war nicht fein.
        Behalt dei Taler und schlaf allein.
[W o y z e c k.] Ja wahrhaftig, ich möchte mich nicht blutig
machen.
5 K ä t h e. Aber was hast du an dei Hand?
W o y z e c k. Ich? Ich?
K ä t h e. Rot, Blut.
            (Es stellen sich Leute um sie.)
W o y z e c k. Blut? Blut.
0 W i r t. Uu Blut.
W o y z e c k. Ich glaub ich hab' mich geschnitten, da an die
rechte Hand.
W i r t. Wie kommt's aber an den Ellenbog?
W o y z e c k. Ich hab's abgewischt.
5 W i r t. Was mit der rechten Hand an den rechten Ellbogen.
Ihr seid geschickt.
N a r r. Und da hat der Ries gesagt: ich riech, ich riech, ich
riech Menschenfleisch. Puh. Das stinkt schon.
W o y z e c k. Teufel, was wollt Ihr? Was geht's Euch an?
0 Platz! oder der erste – Teufel. Meint Ihr ich hätt jemand
umgebracht? Bin ich Mörder? Was gafft Ihr! Guckt Euch
selbst an. Platz da. *(Er läuft hinaus.)*

[Ha,8]   *Kinder.*

1. K i n d. Fort. Marie . . .
5 2. K i n d. Was is.
1. K i n d. Weißt du's nit. Sie sind schon alle hinaus. Drauß
liegt eine[!]
2. K i n d. Wo?
1. K i n d. Links über die Lochschanz . . . am roten Kreuz.
0 2. K i n d. Kommt, daß wir noch was sehen. Sie trage [sie]
sonst hinein.

[Ha,9]   *Woyzeck, allein.*

Das Messer? Wo ist das Messer? Ich hab' es da gelassen.
Es verrät mich! Näher, noch näher! Was ist das für ein
5 Platz? Was hör ich? Es rührt sich was. Still. Da in der
Nähe. Marie? Ha Marie! Still. Alles still! (Was bist du so
bleich, Marie? Was hast du eine rote Schnur um den Hals?

rothe Schnur um den Hals? Bey wem hast du das Halsband verdient, mit dei Sünden? Du warst schwarz davon, schwarz⟨.⟩! Hab ich dich ⟨jetzt⟩ gebleicht. Was
hänge [...] schwarze Haar, so wild? Hast du ⟨die⟩
Zöpfe heut nicht geflochten?) Da liegt was! kalt⟨,⟩ naß,
still⟨e⟩. Weg von de⟨m⟩ Platz. Das Messer, das Messer
hab ich's? So! Leute⟨. – D⟩ort. *(er läuft weg)*

[Ha,10]   *Louis an einem Teich.*

So da hinunter! *(er wirft das Messer hinein)* Es taucht in
das dunkle Wasser, wie ein Stein! Der Mond ist wie ein
blutig Eisen! Will denn die ganze Welt es ausplaudern?
Nein es liegt zu weit vorn, wenn sie sich baden *(er geht
in den Teich und wirft weit)* so je⟨t⟩zt ⟨–⟩ aber im Som-
mer⟨,⟩ wenn sie tauchen nach Muscheln, bah es wird
rostig. Wer kann⟨'s⟩ erkennen ⟨–⟩ hätt' ich es zerbrochen! Bin ich noch blutig? ich muß mich waschen⟨, d⟩a ein
Fleck und da noch einer.

[EINZELSZENEN]

[Von Büchner nicht gestrichene und im Vorangehenden noch
nicht berücksichtigte Szenen in der Reihenfolge der Handschriften.]

[Handschrift Ha]

[Ha,1]   *Das Wirthshaus.*
(Louis si⟨t⟩zt vo⟨r de⟩m Wirthshaus) Leute gehn hinaus.

A n d r e s. Was [...] du da?
L o u i s. Wieviel Uhr ist's⟨.⟩
A n d r e s. –
L o u i s. [...] noch nicht mehr? Ich mein⟨t'⟩ es müßt
schneller gehn [...]
A n d r e s. Warum?
L o u i s. Dann wär's vorbey.
A n d r e s. Was?
L o u i s. [...]

Bei wem hast du das Halsband verdient, mit dei Sünden?
Du warst schwarz davon, schwarz! Hab ich dich jetzt gebleicht. Was hänge dei schwarze Haar, so wild? Hast du
die Zöpfe heut nicht geflochten?) Da liegt was! Kalt, naß,
5 stille. Weg von dem Platz. Das Messer, das Messer hab
ich's? So! Leute – dort. *(Er läuft weg.)*

[Ha,10]   *Woyzeck an einem Teich.*

So da hinunter! *(Er wirft das Messer hinein.)* Es taucht in
das dunkle Wasser, wie ein Stein! Der Mond ist wie ein
10 blutig Eisen! Will denn die ganze Welt es ausplaudern?
Nein es liegt zu weit vorn, wenn sie sich baden *(er geht in
den Teich und wirft weit)* so jetzt [–] aber im Sommer
wenn sie tauchen nach Muscheln, bah es wird rostig. Wer
kann's erkennen – hätt' ich es zerbrochen! Bin ich noch
15 blutig? Ich muß mich waschen da ein Fleck und da noch
einer.

[EINZELSZENEN]

[Von Büchner nicht gestrichene und im Vorangehenden noch
nicht berücksichtigte Szenen in der Reihenfolge der Handschriften.]

[Handschrift Ha]

[Ha,1]   *Das Wirtshaus.*
      Woyzeck sitzt vor dem Wirtshaus. Leute gehn hinaus.

A n d r e s. Was machst du da?
10 W o y z e c k. Wieviel Uhr ist's.
A n d r e s. –
W o y z e c k. So noch nicht mehr? Ich mein es müßt schneller
gehn und ich wollt es wär übermorgen abend.
A n d r e s. Warum?
15 W o y z e c k. Dann wär's vorbei.
A n d r e s. Was?
W o y z e c k. Geh dei Wege,

[...] Was si⟨t⟩zt du da vor der Thür⟨.⟩
L o u i s. Ich si⟨t⟩ze gut da, und ich weiß – aber es si⟨t⟩ze
   manche Leut vor d⟨ie⟩ Thür und sie wissen es nicht⟨;
   E⟩s wird manche⟨r⟩ mit den Füßen voran zur Thür n'aus
   getragen⟨.⟩   5
[...] Komm mit!

[...] Ich si⟨t⟩z gut so und läg noch besser gut so. [...]
[...] Im Kopf⟨?⟩
[...] Wenn alle Leut wüßten wieviel Uhr es ist, sie würde
   sich ausziehn, und ei seid⟨en⟩s Hemd anthun und sich [...] ▶
   Hobelspän schütteln lassen.
[...] Er ist besoffen.
L o u i s. Was liegt d⟨a⟩nn ⟨da dr⟩ üben [...] glänzt [...]
   so⟨.⟩ Es zieht mir immer so zwischen de⟨n⟩ Augen her-
   um. Wie es gli⟨t⟩zert.⟨.⟩ Ich muß das Ding haben.   1

[Ha,2]   *Freies Feld.*

L o u i s. *(er legt das Messer in eine Höhle)* Du sollst nicht
   tödten. Lieg da! Fort! *(er entfernt sich eilig)*

[Ha,3]   *Nacht. Mondschein.*
                    Andres und Louis in einem Bett.   2

L o u i s *(leise.)* Andres!
A n d r e s *(⟨ver⟩träumt⟨.⟩)* Da⟨!⟩ halt! – [...]
L o u i s. He Andres⟨.⟩
A n d r e s. [...]?
L o u i s. Ich hab kei Ruhe! Andres.   2
A n d r e s. Drückt dich der Alp⟨?⟩
L o u i s. Draußen liegt was. Im Boden. Sie deuten immer
   drauf hin und hörst du⟨'⟩s je⟨t⟩zt, und je⟨t⟩zt, wie sie
   in den Wänden klopfen⟨,⟩ eben hat einer zum Fenster
   [...]geguckt. Hörst du's nicht⟨, i⟩ch hör's den ganzen ▶
   Tag. Immer zu. Stich⟨,⟩ stich die [...]
A n d r e s. Leg dich Louis⟨, d⟩u mußt ins Lazareth. Du
   mußt Schnaps trinke⟨n⟩ und Pulver drin, das schneidt
   das Fieber.

[Ha,4–10 = ›Mord-Komplex‹, S. 38–46.]

[A n d r e s.] Was sitzt du da vor der Tür.

W o y z e c k. Ich sitze gut da, und ich weiß – aber es sitze
manche Leut vor die Tür und sie wissen es nicht; es wird
manche mit den Füßen voran zur Tür 'naus getragen.

5 [A n d r e s.] Komm mit!

[W o y z e c k.] Ich sitz gut so und läg noch besser gut so . . .

[A n d r e s.] –

[W o y z e c k.] Wenn alle Leut wüßten wieviel Uhr es ist,
sie würde sich ausziehn, und ei seidens Hemd antun und
) sich die Hobelspän schütteln lassen.

[A n d r e s.] Er ist besoffen.

W o y z e c k. Was liegt dann dar über? Es glänzt so. Es
zieht mir immer so zwischen den Augen herum. Wie es
glitzert. – Ich muß das Ding haben.

5 [Ha,2]   *Freies Feld.*

W o y z e c k. *(Er legt das Messer in eine Höhle.)* Du sollst
nicht töten. Lieg da! Fort! *(Er entfernt sich eilig.)*

[Ha,3]   *Nacht. Mondschein.*
            Andres und Woyzeck in einem Bett.

) W o y z e c k *(leise).* Andres!

A n d r e s *(verträumt).* Da. Halt! – Ja –

W o y z e c k. He Andres.

A n d r e s. Wie?

W o y z e c k. Ich hab kei Ruhe! Andres.

5 A n d r e s. Drückt dich der Alp?

W o y z e c k. Draußen liegt was. Im Boden. Sie deuten
immer drauf hin und hörst du's jetzt, und jetzt, wie sie in
den Wänden klopfen, eben hat einer zum Fenster hingeguckt. Hörst du's nicht, ich hör's den ganzen Tag. Immer
) zu. Stich, stich die . . .

A n d r e s. Leg dich Franz du mußt ins Lazarett. Du mußt
Schnaps trinke und Pulver drin, das schneidt das Fieber.

[Ha,4–10 = ›Mord-Komplex‹, S. 39–47.]

[Handschrift Hb]

[Hb,1]   *Buden. Volk.*

M a r k t s c h r e i e r *vor einer Bude.* Meine Herren! Meine
    Herren! Sehn sie die Creatur, wie sie Gott gemacht, nix,
    gar nix. Sehen Sie jezt die Kunst, geht aufrecht hat Rock
    und Hosen⟨,⟩ hat ein Säbel! Ho! Mach Compliment!
    So bist [...]. Gieb Kuß! *(er trompetet)* [...] ist musika-
    lisch. Meine Herren hier ist zu sehen das astronomische
    Pferd und die kleine Canaillevögele. Ist favori von alle
    gekrönte Häupter. Die rapr⟨ä⟩sentation anfangen! Man
    mackt Anfang von Anfang. Es wird sogleich seyn das   1
    commencement von commencement.
    [...] Willst du?
M a r g r e t h. Meinetwege. Das muß schön Dings seyn. Was
    der Mensch Quasten hat und die Frau hat Hosen.

[Hb,2]   *Das Innere der Bude.*   1

⟨M a r k t s c h r e i e r.⟩ Zeig' dein Talent! zeig dein vie-
    hisch⟨e⟩ Vernünftigkeit! Beschäm⟨e⟩ die menschlich So-
    cietät! Mei⟨ne⟩ Herr⟨en⟩ dieß Thier, [...] sie da sehn,
    Schwanz am Leib, auf sei 4 Hufe⟨,⟩ ist Mitglied von alle
    gelehrte Societät, ist Professor an uns⟨er⟩ Universität,   2
    wo die Studente bey ihm reiten und schlage⟨n⟩ lerne⟨n⟩.
    Das war einfacher Verstand⟨.⟩ Denk jezt mit der dop-
    pelte⟨n⟩ raison.⟨.⟩ Was machst du wann du mit der dop-
    pelte⟨n⟩ Raison denkst? Ist unter d⟨er⟩ gelehrte⟨n⟩
    S⟩ociété da ein Esel? *(der Gaul schüttelt den Kopf)* Sehn   2
    sie jezt die doppelte R⟨ai⟩son⟨!⟩ Das ist Viehsiono-
    mik. Ja das ist kei viehdummes Individuum, das ist eine
    Person⟨!⟩ Ei Mensch, ei thierisch⟨e⟩ Mensch und doch ei
    Vieh, ei bête⟨,⟩ *(das Pferd führt sich ungebührlich auf)*⟨.⟩
    So beschäm die société⟨!⟩ Sehn sie das Vieh ist noch Natur   3
    unideale Natur! Lern Sie bey ihm. Fragen sie den Arzt
    es ist höchst schädlich⟨!⟩ Das hat geheiße Mensch sey na-
    türlich⟨! d⟩u bist geschaffe⟨n⟩ Staub, Sand, Dreck. Willst
    du mehr seyn, als⟨:⟩ Staub, Sand, Dreck? Sehn⟨,⟩ sie was
    Vernunft, es kann rechnen und kann doch nit an d⟨en⟩   3
    Finger⟨n⟩ herzählen, warum? Kann sich nur nit aus-

[Handschrift Hb]

[Hb,1] *Buden. Volk.*

M a r k t s c h r e i e r *(vor einer Bude).* Meine Herren!
Meine Herren! Sehn Sie die Kreatur, wie sie Gott gemacht, nix, gar nix. Sehen Sie jetzt die Kunst, geht auf-
recht hat Rock und Hosen, hat ein Säbel! Ho! Mach Kom-
pliment! So bist Baron. Gib Kuß! *(Er trompetet.)* Wicht
ist musikalisch. Meine Herren hier ist zu sehen das astronomische Pferd und die kleine Canaillevögele. Ist Favori
von alle gekrönte Häupter. Die Rapräsentation anfangen!
Man mackt Anfang von Anfang. Es wird sogleich sein das
Commencement von Commencement.
[W o y z e c k.] Willst du?
M a r i e. Meinetwege. Das muß schön Dings sein. Was der
Mensch Quasten hat und die Frau hat Hosen.

[Hb,2] *Das Innere der Bude.*

M a r k t s c h r e i e r. Zeig dein Talent! zeig dein viehisch
Vernünftigkeit! Beschäme die menschlich Sozietät! Meine
Herren dies Tier, das Sie da sehn, Schwanz am Leib, auf
sei vier Hufe ist Mitglied von alle gelehrte Sozietät, ist
Professor an unser Universität, wo die Studente bei ihm
reiten und schlage lernen. Das war einfacher Verstand.
Denk jetzt mit der doppelte Räson. Was machst du
wann du mit der doppelten Räson denkst? Ist unter der
gelehrte Société da ein Esel? *(Der Gaul schüttelt den
Kopf.)* Sehn Sie jetzt die doppelte Räson! Das ist Vieh-
sionomik. Ja das ist kei viehdummes Individuum, das ist
eine Person! Ei Mensch, ei tierische Mensch und doch ei
Vieh, ei bête. *(Das Pferd führt sich ungebührlich auf.)* So
beschäm die Société! Sehn Sie das Vieh ist noch Natur un-
ideale Natur! Lern Sie bei ihm. Fragen Sie den Arzt es
ist höchst schädlich! Das hat geheiße Mensch sei natürlich!
Du bist geschaffe Staub, Sand, Dreck. Willst du mehr sein,
als Staub, Sand, Dreck? Sehn Sie, was Vernunft, es kann
rechnen und kann doch nit an den Fingern herzählen,
warum? Kann sich nur nit ausdrücke, nur nit explizieren,

drücke⟨n⟩, nur nit explicir⟨e⟩n, ist ein verwand⟨el⟩ter
Mensch! Sag den Herrn, wieviel Uhr es ist.
Wer von den Herren und Damen hat eine Uhr, eine Uhr⟨.⟩
U n t e r o f f i c i e r. Eine Uhr! *(zieht großartig und ge-*
messen [...] Uhr aus der Tasche) Da mein Herr. (Das ist
ein Weibsbild guckt siebe⟨n⟩ Paar lederne Hose durch)
M a r g r e t h. Das muß ich sehn *(sie klettert auf den 1.*
Platz. Unterofficier hilft ihr)
U n t e r o f f i c i e r. –

[Hb,3–7 von Büchner gestrichen.]

[Hb,8]   ⟨K⟩*asernenhof.*

L o u i s. Hast nix gehört⟨.⟩
A n d r e s. Er ist da [...] mit einem Kam⟨e⟩raden.
L o u i s. Er hat was gesagt.
A n d r e s. Woher weißt du⟨'⟩s? Was soll ich⟨'⟩s sagen. Nu,
er lachte und dann sagt er ein köstlich Weibsbild! Die hat
Schenkel und Alles so [...]!
L o u i s⟨.⟩ *(ganz kalt)* So hat er das gesagt?
Von was hat mir doch heut Nacht geträumt? War's nicht
von eim Messer? Was man doch närrische Träume hat.
A n d r e s. Wohin Kam⟨e⟩rad?
L o u i s. Mei⟨n⟩ Officier⟨.⟩ Wein holen. – Aber Andres,
sie war doch ein einzig Mädel.
A n d r e s. Wer war?
L o u i s. Nix. Adies.

[Hb,9 u. 10 von Büchner gestrichen.]

[Hb,11]   *Gerichtsdiener. Barbier. Arzt. Richter.*

[...] Ein guter Mord, ein ächter Mord, ein schön Mord, so
schön als man ihn nur verlangen thun kann wir haben
schon lange so kein gehabt. –
B a r b i e r. *Dogmatischer Atheist. Lang, hager, feig, [...],*
Wissenschaft⟨l⟩.

ist ein verwandter Mensch! Sag den Herrn, wieviel Uhr
es ist.
Wer von den Herren und Damen hat eine Uhr, eine Uhr.
Unteroffizier. Eine Uhr! *(Zieht großartig und ge-*
messen die Uhr aus der Tasche.) Da mein Herr. (Das ist
ein Weibsbild guckt siebe Paar lederne Hose durch.)
Marie. Das muß ich sehn. *(Sie klettert auf den 1. Platz.*
Unteroffizier hilft ihr.)

[Hb,3–7 von Büchner gestrichen.]

[Hb,8]   *Kasernenhof.*

Woyzeck. Hast nix gehört.
Andres. Er ist da noch mit einem Kamraden.
Woyzeck. Er hat was gesagt.
Andres. Woher weißt du's? Was soll ich's sagen. Nu, er
lachte und dann sagt er[:] ein köstlich Weibsbild! Die hat
Schenkel und alles so fest!
Woyzeck *(ganz kalt)*. So hat er das gesagt?
Von was hat mir doch heut nacht geträumt? War's nicht
von eim Messer? Was man doch närrische Träume hat.
Andres. Wohin Kamrad?
Woyzeck. Mein Offizier? Wein holen. – Aber Andres,
sie war doch ein einzig Mädel.
Andres. Wer war?
Woyzeck. Nix. Adies.

[Hb,9 u. 10 von Büchner gestrichen.]

[Hb,11]   *Gerichtsdiener. Barbier. Arzt. Richter.*

[Gerichtsdiener.] Ein guter Mord, ein echter Mord,
ein schön Mord, so schön als man ihn nur verlangen tun
kann wir haben schon lange so kein gehabt. –
Barbier. *Dogmatischer Atheist. Lang, hager, feig, Wis-*
senschaft.

[Handschrift Hc]

[Hc,1 u. 2 von Büchner gestrichen.]

[Hc,3] ⟨Oe⟩*ffentlicher Platz. Buden* ⟨–⟩ *Lichter.*

A l t e r M a n n ⟨–⟩ K i n d *das tanzt:*
    Auf der Welt ist kein Bestand⟨.⟩
    Wir müssen alle sterbe⟨n⟩, das ist uns wohlbekannt!
[...] ⟨Hey!⟩ Hopsa⟨'s⟩! Arm⟨er⟩ Mann, alter Mann! Arm
    Kind! Jung⟨es⟩ Kind! Sorgen und Fest! ⟨Hey⟩ Louisel,
    soll ich [...] Schön⟨e⟩ Welt!
A u s r u f e r⟨. *An⟩ einer Bude:* Meine Herrn, meine Damen,
    hier sind zu sehn ⟨dießes⟩ astronomische Pferd und die
    [...] Canaille⟨n⟩vogel, sind Liebling von alle Potentate 1
    Europas und Mitglied von alle gelehrte Societät⟨; weis-
    sagen den Leuten⟩ Alles, wie alt, wie viel Kinder, was
    für Krankheit⟨, s⟩chießt Pistol los, stellt sich auf ein
    Bein⟨,⟩ Alles Erziehung, habe⟨n nur⟩ ein⟨e⟩ viehische
    Vernunft, oder vielmehr eine ganz vernünftige Viehig-
    keit, ist kei⟨n⟩ viehdummes Individuum wie viel Perso-
    n⟨en⟩, das verehrliche Publikum abgerechnet. [...] Es wird
    [...] die rapr⟨ae⟩sentation⟨, d⟩as commencement vom
    commencement wird sogleich nehm sein Anfang.
    Sehn Sie die Fortschritte der Civilisation. Alles schreitet 2
    fort, ei Pferd, ei⟨n⟩ Aff, ei⟨n⟩ Canaille⟨n⟩vogel⟨.⟩ Der
    Aff⟨'⟩ ist schon ein Soldat, s'ist noch nit viel, unterst Stuf
    von menschliche Geschlecht!
[...] Grotesk! Sehr grotesk⟨.⟩
⟨S t u d.⟩ Sind Sie auch ein Atheist! ich bin ein dogmatisch 2
    Atheist.
[...] Ist's grotesk? Ich bin ein Freund vom grotesken. Se-
    h⟨e⟩n sie dort? was ein grotesker Effect.
[...] Ich bin ein dogmatischer Atheist.
[...] Grotesk.   3

[Hc,4–6 von Büchner gestrichen.]

[Handschrift Hc]

[Hc,1 u. 2 von Büchner gestrichen.]

[Hc,3]   *Öffentlicher Platz. Buden. Lichter.*

Alter Mann. Kind *(das tanzt):*
      Auf der Welt ist kein Bestand.
      Wir müssen alle sterbe, das ist uns wohlbekannt!
5 [Woyzeck.] He! Hopsa's! Arm Mann, alter Mann! Arm
      Kind! Junges Kind! Sorgen und Fest! Hei Marie...
      Schöne Welt!
Ausrufer *(an einer Bude).* Meine Herrn, meine Damen,
      hier sind zu sehn dieses astronomische Pferd und die kleine
10 Canaillevogel, sind Liebling von alle Potentate Europas
      und Mitglied von alle gelehrte Sozietät, weissage den
      Leute alles, wie alt, wieviel Kinder, was für Krankheit,
      schießt Pistol los, stellt sich auf ein Bein, alles Erziehung,
      habe ein viehische Vernunft, oder vielmehr eine ganz ver-
15 nünftige Viehigkeit, ist kei viehdummes Individuum wie
      viel Person, das verehrliche Publikum abgerechnet. Hier!
      Es wird fein, die Rapräsentation, das Commencement
      vom Commencement wird sogleich nehm sein Anfang.
      Sehn Sie die Fortschritte der Zivilisation. Alles schreitet
20 fort, ei Pferd, ein Aff, ein Canaillenvogel. Der Aff ist
      schon ein Soldat, 's ist noch nit viel, unterst Stuf von
      menschliche Geschlecht!

	Grotesk! Sehr grotesk.
	Sind Sie auch ein Atheist! Ich bin ein
25	dogmatisch Atheist.
	Ist's grotesk? Ich bin ein Freund vom
[Publikum.]	Grotesken. Sehen Sie dort? Was ein
	grotesker Effekt.
	Ich bin ein dogmatischer Atheist.
30	Grotesk.

[Hc,4–6 von Büchner gestrichen.]

[Hc,7]   *Strasse.*
                          Hauptmann. Doctor.
Hauptmann keucht die Straße herunter, hält an, keucht,
                       sieht sich um.

H a u p t m a n n. Wohin so eilig geehrtester Herr Sarg-
   nagel⟨.⟩
D o c t o r. Wohin so langsam geehrtester Herr Exerci⟨e⟩r-
   zagel.
H a u p t m a n n. Nehmen Sie sich Zeit ⟨werthester⟩ Grabstein.   1
D o c t o r. Ich stehle meine Zeit nicht⟨,⟩ wie sie werthester

H a u p t m a n n. Laufen Sie nicht so Herr Doctor ein guter Mensch geht nicht so schnell⟨.⟩ [...], ein guter Mensch
   (schnauft) ein guter Mensch, sie hetze⟨n⟩ sich ja hinter
   dem Tod drein, sie mache⟨n⟩ mir ganz Angst.   1
D o c t o r. Pressirt, Herr Hauptmann⟨,⟩ pressirt,
H a u p t m a n n. Herr Sargnagel, sie schleifen sich ja so
   ihre kleinen Beine ganz auf dem Pflaster ab. Reiten Sie
   doch nicht auf ihrem [...] in [...] Luft.
D o c t o r. Sie ist in 4 Wochen todt, [...], im siebenten   2
   Monat, ich hab' schon 20 solche Patienten gehabt, in 4
   Wochen richt sie sich danach
H a u p t m a n n. Herr Doctor, erschrecken sie mich nicht,
   es sind schon Leute am Schreck gestorben, am puren hellen
   Schreck,   2⟨
D o c t o r. In 4 Wochen, dummes Thier, sie giebt ein inter-
   essant⟨e⟩s Präparat. Ich sag ihr, 4
H a u p t m a n n. Daß dich das Wetter, ich halt sie [...]
   ich laß sie nicht Teufel⟨,⟩ 4 Wochen? Herr Doctor, Sargnagel, Todtenhemd, ich so lang ich da bin⟨,⟩ 4 Wochen,   3⟨
   und die Leute Citron in den Händen, aber sie werden
   sagen, er war ein guter Mensch, ein guter Mensch.

D o c t o r. Ey guten Morgen⟨,⟩ Herr Hauptmann. *(den
   Hut und Stock schwingend)* Kikeriki! Freut mich! Freut
   mich! *(hält ihm den Hut hin)* was ist das Herr Haupt-   3⟨
   mann⟨, d⟩as ist Hohlkopf? ⟨Hä⟩?

[Hc,7] *Straße.*
Hauptmann. Doktor.
Hauptmann keucht die Straße herunter, hält an, keucht,
sieht sich um.

H a u p t m a n n. Wohin so eilig geehrtester Herr Sargnagel.

D o k t o r. Wohin so langsam geehrtester Herr Exerzierzagel.

H a u p t m a n n. Nehmen Sie sich Zeit wertester Grabstein.

D o k t o r. Ich stehle meine Zeit nicht, wie Sie wertester ...

H a u p t m a n n. Laufen Sie nicht so Herr Doktor ein
guter Mensch geht nicht so schnell Geehrter, ein guter
Mensch, *(schnauft)* ein guter Mensch, Sie hetzen sich ja
hinter dem Tod drein, Sie machen mir ganz angst.

D o k t o r. Pressiert, Herr Hauptmann, pressiert ...

H a u p t m a n n. Herr Sargnagel, Sie schleifen sich ja so
Ihre kleinen Beine ganz auf dem Pflaster ab. Reiten Sie
doch nicht auf Ihrem Stock in die Luft.

D o k t o r. Sie ist in vier Wochen tot, im siebenten Monat,
ich hab' schon zwanzig solche Patienten gehabt, in vier
Wochen richt Sie sich danach.

H a u p t m a n n. Herr Doktor, erschrecken Sie mich nicht,
es sind schon Leute am Schreck gestorben, am puren hellen Schreck.

D o k t o r. In vier Wochen, dummes Tier, Sie gibt ein interessant's Präparat. Ich sag Ihr, vier ...

H a u p t m a n n. Daß dich das Wetter, ich halt Sie hier Flegel ich laß Sie nicht Teufel, vier Wochen? Herr Doktor,
Sargnagel, Totenhemd, ich so lang ich da bin vier Wochen,
und die Leute Zitron in den Händen, aber sie werden
sagen, er war ein guter Mensch, ein guter Mensch.

D o k t o r. Ei guten Morgen, Herr Hauptmann. *(Den Hut
und Stock schwingend.)* Kikeriki! Freut mich! Freut mich!
(Hält ihm den Hut hin.) Was ist das Herr Hauptmann,
das ist Hohlkopf? Hä?

H a u p t m a n n. *(macht eine Falte)* Was ist das Herr Doc-
tor⟨, d⟩as ist n'e Einfalt! ⟨Hähähä⟩! Aber nichts für ungut. Ich bin ein guter Mensch – aber ich kann auch wenn
ich will Herr Doctor, ⟨hähäh⟩, wenn ich will. He Wo⟨y⟩-
zeck, was hetzt er sich so an ⟨mir⟩ vorbey⟨.⟩ Bleib
er doch Wo⟨y⟩zeck⟨. e⟩r läuft ja wie ein offnes Rasir-
messer durch die Welt, man schneidt sich an ihm, er läuft
als hätt er ein Regiment Kastrirte zu rasir⟨e⟩n und würd⟨e⟩
gehenkt über dem letzten Haar [. . .] – aber, über die
langen Bärte, was ⟨–⟩ wollt ich doch sagen? W⟨oy⟩z⟨e⟩ck ₅
– die langen Bärte

D o c t o r. Ein langer Bart unter dem Kinn, schon Plinius
spricht davon, man ⟨müßt⟩ es den Soldaten abgewöhnen,
[. . .],

H a u p t m a n n *(fährt fort)* ⟨Hä⟩? über die langen Bärte? ₁₀
Wie is Wo⟨y⟩zeck hat er noch nicht ein Haar aus ei⟨ne⟩m
Bart in seiner Schüssel gefunden? He⟨,⟩ er versteht mich
doch, ein Haar von einem Mensche⟨n,⟩ vom Bart eines
⟨s⟩apeur, eines Unterofficier, eines – eines Tambourmajor? He Wo⟨y⟩zeck? Aber Er hat eine brave Frau. Geht ₁₅
ihm nicht wie andern.

W o y z e c k. Ja wohl! Was wollen Sie sage⟨n⟩ Herr
Hauptmann?

H a u p t m a n n. Was der Kerl ein Gesicht macht! er steckt
[. . .] in den Himmel nein, ⟨muß⟩ nun auch nicht in der ₂₀
Suppe, aber wenn er sich eilt und um die Eck geht, so
kann er vielleicht noch auf Paar Lippen eins finden, ein
Paar Lippen, W⟨oy⟩z⟨e⟩ck, ich habe ⟨wieder das Lieben⟩
gefühlt, Wo⟨y⟩ze⟨ck⟩.
Kerl er ist ja kreideweiß. ₃₀

W o y z e c k. Herr, Hauptmann, ich bin ein arm Teufel,
– und hab sonst nichts auf der Welt Herr Hauptmann,
wenn Sie Spaß machen –

H a u p t m a n n. Spaß ich, daß dich Spaß, Kerl!

D o c t o r. Den Puls Wo⟨y⟩ze⟨ck⟩, den Puls, klein, hart⟨,⟩ ₃₅
hüpfend, ⟨ungleich⟩.

W o y z e c k. Herr Hauptmann, die Erd ist höllenheiß, mir
eiskalt⟨!⟩ eiskalt, die Hölle ist kalt, wollen wir wetten.
Unmöglich⟨.⟩ Mensch! Mensch! unmöglich.

H a u p t m a n n. Kerl, will er [. . .], will ein Paar Kugeln ₄₀
vor den Kopf haben er ersticht mich mit sei Auge, und

Hauptmann *(macht eine Falte)*. Was ist das Herr Doktor, das ist 'ne Einfalt! Hähähä! Aber nichts für ungut. Ich bin ein guter Mensch – aber ich kann auch wenn ich will Herr Doktor, hähäh, wenn ich will. He Woyzeck,
5 was hetzt Er sich so an mir vorbei. Bleib Er doch Woyzeck, Er läuft ja wie ein offnes Rasiermesser durch die Welt, man schneidet sich an Ihm, Er läuft als hätt Er ein Regiment Kastrierte zu rasieren und würde gehenkt über dem letzten Haar nach einer Viertelstunde – aber, über
10 die langen Bärte, was – wollt ich doch sagen? Woyzeck – die langen Bärte ...
Doktor. Ein langer Bart unter dem Kinn, schon Plinius spricht davon, man muß es den Soldaten abgewöhnen, die, die ...
5 Hauptmann *(fährt fort)*. Hä? Über die langen Bärte? Wie is Woyzeck hat Er noch nicht ein Haar aus einem Bart in seiner Schüssel gefunden? He Er versteht mich doch, ein Haar von einem Menschen, vom Bart eines Sapeur, eines Unteroffizier, eines – eines Tambourmajor?
10 He Woyzeck? Aber Er hat eine brave Frau. Geht Ihm nicht wie andern.
Woyzeck. Ja wohl! Was wollen Sie sagen Herr Hauptmann?
Hauptmann. Was der Kerl ein Gesicht macht! Er
5 ... muß nun auch nicht in der Suppe, aber wenn Er sich eilt und um die Eck geht, so kann Er vielleicht noch auf [ein] Paar Lippen eins finden, ein Paar Lippen, Woyzeck, ich habe wieder das Lieben gefühlt, Woyzeck.
Kerl Er ist ja kreideweiß.
10 Woyzeck. Herr, Hauptmann, ich bin ein arm Teufel, – und hab sonst nichts auf der Welt Herr Hauptmann, wenn Sie Spaß machen –
Hauptmann. Spaß ich, daß dich Spaß, Kerl!
Doktor. Den Puls Woyzeck, den Puls, klein, hart hüp-
5 fend, ungleich.
Woyzeck. Herr Hauptmann, die Erd ist höllenheiß, mir eiskalt eiskalt, die Hölle ist kalt, wollen wir wetten. Unmöglich, Mensch! Mensch! unmöglich.
Hauptmann. Kerl, will Er ... ein paar Kugeln vor den
10 Kopf haben Er ersticht mich mit sei Auge, und ich mein es

ich mein ⟨es⟩ gut ihm, weil er ein guter Mensch ist W⟨oy⟩-
z⟨ec⟩k, ein guter Mensch.

D o c t o r. Gesichtsmuskeln starr, gespannt, zuweilen hüpfend, Haltung [. . .] gespannt.

W o y z e c k. Ich geh! Es ist viel möglich. Der Mensch! es
ist viel möglich. Wir habe schön Wetter Herr Hauptmann.
Sehn⟨,⟩ sie so ein schön, festen [. . .] Himmel, man könnte
Lust bekomm, ein Kloben hineinzuschlagen und sich daran
zu hänge, nur wege des Gedankenstriche⟨l⟩s zwischen Ja,
und wieder ja – und nein, ⟨Herr⟩ Herr Hauptmann ja   1
und nein? Ist das ⟨n⟩ein am ⟨j⟩a oder das ⟨j⟩a am ⟨n⟩ein
Schuld⟨.⟩ Ich will drüber nachdenke⟨n,⟩ *(geht mit breiten
Schritten ab erst langsam dann immer schneller)*

D o c t o r ⟨.⟩ *(schießt ihm nach)* Phänomen, W⟨oy⟩z⟨e⟩ck,
Zulage.   1

H a u p t m a n n. Mir wird ganz schwindlich vor den Menschen, wie schnell, der lange Schlingel greift aus, ⟨es⟩
läuft der Schatten von einem Spinnbein⟨. u⟩nd der Kurze,
das zuckelt. Der ⟨l⟩ange ist der Blitz und der ⟨k⟩leine
der Donner. Haha, hinterdrein. Das hab' ich nicht gern!   2⟨0⟩
ein guter Mensch ist [. . .] und hat sei Leben lieb, ein guter Mensch hat keine courage nicht! ein Hundsfott hat
courage! Ich bin blos in Krieg gegangen um mich in meiner Liebe zum Leben zu befestigen. [. . .] ⟨g⟩rotesk! grotesk!   2

[Hc,8 u. 9 von Büchner gestrichen.]

[Handschrift Hd S. 12–38]

[Handschrift He]

[He,1]   *Der Hof des Professors.*
          Studenten unten, der Professor am Dachfenster.

[. . .] Meine Herrn, ich bin auf dem Dach, wie David, als er
die Bathseba sah; aber ich sehe nichts⟨,⟩ als die culs de
Paris der Mädchenpension im Garten trocknen. Meine   30
Herrn wir sind an der wichtigen Frage über das Verhält-

gut [mit] Ihm, weil Er ein guter Mensch ist Woyzeck, ein
guter Mensch.

D o k t o r. Gesichtsmuskeln starr, gespannt, zuweilen hüpfend, Haltung gespannt.

W o y z e c k. Ich geh! Es ist viel möglich. Der Mensch! Es
ist viel möglich. Wir habe schön Wetter Herr Hauptmann.
Sehn Sie, so ein schön, festen grauen Himmel, man könnte
Lust bekomm, ein Kloben hineinzuschlagen und sich daran zu hänge, nur wege des Gedankenstrichels zwischen ja,
und wieder ja – und nein, Herr Herr Hauptmann ja und
nein? Ist das Nein am Ja oder das Ja am Nein schuld. Ich
will drüber nachdenke – *(Geht mit breiten Schritten ab,
erst langsam, dann immer schneller.)*

D o k t o r *(schießt ihm nach)*. Phänomen, Woyzeck, Zulage.

H a u p t m a n n. Mir wird ganz schwindlig vor den Menschen, wie schnell, der lange Schlingel greift aus, es läuft
der Schatten von einem Spinnbein. Und der Kurze, das
zuckelt. Der Lange ist der Blitz und der Kleine der Donner. Haha, hinterdrein. Das hab' ich nicht gern! Ein guter
Mensch ist dankbar und hat sei Leben lieb, ein guter Mensch
hat keine Courage nicht! Ein Hundsfott hat Courage! Ich
bin bloß in Krieg gegangen um mich in meiner Liebe zum
Leben zu befestigen . . . Grotesk! Grotesk!

[Hc,8 u. 9 von Büchner gestrichen.]

[Handschrift Hd S. 13–39]

[Handschrift He]

[He,1] *Der Hof des Doktors.*
Studenten unten, der Doktor am Dachfenster.

[D o k t o r.] Meine Herrn, ich bin auf dem Dach, wie David, als er die Bathseba sah; aber ich sehe nichts als die Culs
de Paris der Mädchenpension im Garten trocknen. Meine
Herrn wir sind an der wichtigen Frage über das Verhält-

niß des Subject⟨e⟩s zum Object⟨, w⟩enn wir nur eins von
den Dingen nehmen, worin die organische Selbstaffirmation des Göttlichen, auf einem [...] hohen Standpunkte
manifestirt und Ihr⟨e⟩ Verhältniss⟨e⟩ zum Raum, zur Erde,
zum Planetarischen untersuchen, meine Herrn, wenn ich
dieße Katze zum Fenster hinauswerf, wie wird dieße Wesenheit sich zum centrum gravitationis [...] eigenen Instinct verhalten. He Woyzeck, *(brüllt)* Wo⟨y⟩zeck!

W o y z e c k. Herr Professor sie beißt.

P r o f e s s o r. Kerl, er greift die Bestie so zärtlich an, als
wär's sei Großmutter.

W o y z e c k. Herr Doctor ich hab's Zittern.

D o c t o r. *(ganz erfreut)* Ey, ⟨E⟩y, schön Wo⟨y⟩zeck⟨.⟩
(reibt sich die Hände) (Er nimmt die Katze⟨.⟩) Was seh'
ich meine Herrn, die neue Species ⟨Hasen⟩laus, eine schöne
Spe⟨z⟩ies, wesentlich verschieden, ⟨enfoncé, [...] Herr⟩
Doctor *(er zieht eine Loupe heraus)* Ricinus, meine Her-
r⟨e⟩n – ⟨⟨d⟩ie Katze läuft fort.)* Meine Herrn, das Thier
hat kei⟨nen⟩ wissenschaftlichen Instinct ⟨–⟩ Ricinus,
⟨herauf⟩, die schönsten Exemplare, bringen sie ihre Pelz-
kragen⟨. [...] m⟩eine Herrn, sie können dafür was an-
d⟨er⟩s seh⟨e⟩n, sehn sie der Mensch, seit einem Vierteljahr
ißt er nichts als Erbsen, ⟨beachten⟩ sie die Wirkung, fühlen sie einmal was ein ungleicher Puls, ⟨da⟩ und die Augen.

W o y z e c k. Herr Doctor es wird mir dunkel. *(Er setzt
sich.)*

D o c t o r. Courage Wo⟨y⟩zeck noch ein Paar Tage, und
dann ist's fertig, fühlen sie meine Herrn fühlen sie, *(sie
betasten ihm Schläfe, Puls und Busen)*
à propos, Wo⟨y⟩zeck, beweg den Herrn doch einmal die
Ohren, ich hab es Ihnen schon zeigen wollen⟨, Z⟩wei
Muskeln sind bey ihm thätig. Allon⟨s⟩ frisch!

W o y z e c k. Ach Herr Doctor!

D o c t o r. Bestie, soll ich dir die Ohren bewegen⟨;⟩ willst
du's machen wie die Katze⟨.⟩ So meine Herrn, das sind
so Uebergänge zum Esel, häufig auch ⟨in⟩ Folge weiblicher Erziehung⟨.⟩ und die Muttersprache⟨,⟩ [...] Haar⟨e⟩
hat dir die Mutter zum Andenken schon ausgerissen aus
Zärtlichkeit⟨.⟩ Sie sind dir ja ganz dünn geworden, seit
ein Paar Tagen, ja die Erbsen, meine Herren.

nis des Subjekts zum Objekt, wenn wir nur eins von den Dingen nehmen, worin [sich] die organische Selbstaffirmation des Göttlichen, auf einem der hohen Standpunkte manifestiert[,] und ihre Verhältnisse zum Raum, zur Erde, zum Planetarischen untersuchen, meine Herrn, wenn ich diese Katze zum Fenster hinauswerf, wie wird diese Wesenheit sich zum Centrum gravitationis und dem eigenen Instinkt verhalten. He Woyzeck, *(brüllt)* Woyzeck!

W o y z e c k. Herr Doktor sie beißt.

D o k t o r. Kerl, er greift die Bestie so zärtlich an, als wär's sei Großmutter.

W o y z e c k. Herr Doktor ich hab's Zittern.

D o k t o r *(ganz erfreut)*. Ei, ei, schön Woyzeck. *(Reibt sich die Hände. Er nimmt die Katze.)* Was seh' ich meine Herrn, die neue Spezies Hasenlaus, eine schöne Spezies, wesentlich verschieden, enfoncé, der Herr Doktor *(Er zieht eine Lupe heraus.)* Ricinus, meine Herrn – *(Die Katze läuft fort.)* Meine Herrn, das Tier hat kein wissenschaftlichen Instinkt – Ricinus, herauf, die schönsten Exemplare, bringen Sie Ihre Pelzkragen. Meine Herrn, Sie können dafür was anders sehen, sehn Sie der Mensch, seit einem Vierteljahr ißt er nichts als Erbsen, beachten Sie die Wirkung, fühlen Sie einmal was ein ungleicher Puls, da und die Augen.

W o y z e c k. Herr Doktor es wird mir dunkel. *(Er setzt sich.)*

D o k t o r. Courage Woyzeck noch ein paar Tage, und dann ist's fertig, fühlen Sie meine Herrn fühlen Sie, *(sie betasten ihm Schläfe, Puls und Busen)* à propos, Woyzeck, beweg den Herrn doch einmal die Ohren, ich hab es Ihnen schon zeigen wollen, zwei Muskeln sind bei ihm tätig. Allons frisch!

W o y z e c k. Ach Herr Doktor!

D o k t o r. Bestie, soll ich dir die Ohren bewegen; willst du's machen wie die Katze. So meine Herrn, das sind so Übergänge zum Esel, häufig auch in Folge weiblicher Erziehung und die Muttersprache, alles Haar hat dir die Mutter zum Andenken schon ausgerissen aus Zärtlichkeit. Sie sind dir ja ganz dünn geworden, seit ein paar Tagen, ja die Erbsen, meine Herren.

[He,2]   *Der Idiot. Das Kind. Woyzeck.*

K a r l ⟨.⟩ *(hält das Kind vor sich auf dem Schooß)* Der is in⟨'⟩s Wasser gefallen, ⟨–⟩ der is in⟨'⟩s Wasser gefall⟨e⟩n, [. . .], der is in⟨'⟩s Wasser gefall⟨e⟩n.

W o y z e c k. Bub, Christian⟨,⟩

K a r l ⟨.⟩ *(Sieht ihn starr an)* Der is in's Wasser gefall⟨e⟩n⟨,⟩

W o y z e c k. *(will das Kind liebkosen, es wendet sich weg und schreit)* Herrgott!

K a r l. Der is in's Wasser gefall⟨e⟩n.

W o y z e c k. Christianche⟨n⟩, du bekommst en Reuter, sa⟨,⟩ sa. *(⟨d⟩as Kind wehrt sich) (zu Karl)* Da kauf dem Bub en Reuter⟨,⟩

K a r l *(sieht ihn starr an)*

W o y z e c k. Hop! hop! Roß.

K a r l *(jauchzend)* Ho⟨p⟩! hop! Roß! Roß! *(läuft mit dem Kind weg.)*

[He,2]   *Der Idiot. Das Kind. Woyzeck.*

K a r l *(hält das Kind vor sich auf dem Schoß).* Der is in's
     Wasser gefallen, – der is in's Wasser gefalln, wie, der is
     in's Wasser gefalln.

W o y z e c k. Bub, Christian, –

K a r l *(sieht ihn starr an).* Der is in's Wasser gefalln, –

W o y z e c k *(will das Kind liebkosen, es wendet sich weg
     und schreit).* Herrgott!

K a r l. Der is in's Wasser gefalln.

W o y z e c k. Christianche, du bekommst en Reuter, sa, sa.
     (Das Kind wehrt sich. Zu Karl:) Da kauf dem Bub en
     Reuter, –

K a r l *(sieht ihn starr an).*

W o y z e c k. Hop! Hop! Roß.

K a r l *(jauchzend).* Hop! Hop! Roß! Roß! *(Läuft mit dem
     Kind weg.)*

Variantenapparat

Belege nach den kritischen Editionen von Bergemann (*B*), Lehmann (*L*) und Krause (*K*) sowie auf Grund unserer eigenen Handschriftenkontrolle (*Bo*) zu den spitzen und eckigen Klammern unseres linksseitigen Textdruckes. Zur Einrichtung des Variantenapparates vgl. S. 4–6.

12,2 Stecken *B*. Stöcke *LKBo*.   12,3 der *B*. den *LKBo*.   12,23 Gebüsch) *LBo*. Gebüsch.) *K*.   12,30 komme sie. *L*. kommen sie *K*. komme sie *Bo*.   12,37 Soldaten *LBo*. Soldaten, *K*.
14,7 durch *BLKBo* (*mit L zu ändern in:* zu).   14,9 deim unehrliche *BLBo*. deim uneheliche *K*.   14,31 hergangen (*Lesart:* ggangen) *B*. gegangen *LKBo*.   14,37 Furchst' Dich *L*. Furchst' dich *KBo*.   14,38 scheint doch (*och ergänzt*) *L*. scheint *BKBo*.   14,39 f. herein. (geht ab) ich halt's *K*. *Regiebemerkung nach BL am Ende:* herein. ich halt's *bis:* mich. (geht ab). *Befund wie K, Deutung wie BL, Bo*.
16,4 sizt *L*. sitzt *KBo*.   16,7 holt Dich *L*. holt dich *KBo*.   16,12 Unseins *L*. Unsereins *KBo(?)*.   16,16 küssen, *LBo(?)*. küssen; *K*.   16,17 (Das *L*. (das *KBo*.   16,26 gefunden. *L*. gefunden! *KBo*.   16,27 hab *L*. hab' *KBo*. / gefunden. Zwei *L*. gefunden, zwei *K*. gefunden, Zwei *Bo*.   16,33 Da *BL*. Das *KBo*.
18,1 allein *L*. allein, *KBo*.   18,9 wird? *L*. wird. *KBo*.   18,18 Du *L*. du *KBo*.   18,19 Augenblick – *L*. Augenblick. – *KBo(?)*.   18,21 n'e (*e ergänzt*) *L*. n *KBo(?)*.   18,35 Ha! ha! ha! *LBo*. Ha! Ha! *K*.   18,37 ein guter Mensch – *LKBo*, fehlt bei *B*.
20,7 die Kleinen *B*. die Kindlein *LKBo*.   20,10 ihn, ihn. *L*. ihn, ihn, *KBo*.   20,12 eimal *L*. einmal *KBo(?)*.   20,13 eines *B*. einer *LKBo*.   20,14 Unseins *LBo*. Uneins *K*.   20,16 kämen *LBo*. kämen, *K*.   20,20 nachsehe *LBo*. nachseh, *K*.   20,24 Du *L*. du *KBo*.   20,27 gemeine *L*. gemeinen *KBo*.   20,28 Natur, *LBo(?)*. Natur; *K*.   20,29 ein Hut *LBo*. einen Hut *K*.   20,30 eine anglaise *L*. en angleise *KBo(?)*.   20,34 Du *L*. du *KBo*.   20,35 Du *L*. du *KBo*.   20,40 M a r i e *LBo*. M a r i e. *K*. / Geh' *L*. – Geh' *K*. *Befund wie K; Gedankenstrich jedoch durch Wortstreichung funktionslos geworden Bo*.
22,1 Dich *L*. dich *KBo*.   22,2 keiner. . *L*. keiner. – *K*. *Befund wie L, Deutung wie K; ebenso wäre auch im Vorangehenden Löw. . als Löw. – zu deuten Bo*.   22,6 Marie, *LKBo*, fehlt bei *B*.   22,8 M a r i e *LBo*. M a r i e. *K*.   22,9 Du *L*. du *KBo*.   22,9 f. Weibsbild. *L*. Weibsbild, *KBo*.   22,10 eine (e *nach* n *ergänzt*) *LBo*. n'e *K*.   22,11 Tambour-Majors *L*. Tambour-Major's *KBo*. / anlegen. *L*. anlegen *KBo(?)*.   22,13 Wild. (*Punkt zu streichen*) *L*. (*Punkt von Büchner gestrichen*) *Bo(?)*. Wildes (»*e ansatzhaft,* s *fehlt*«) *K*.   22,14 M a r i e. *L*. M a r i e *KBo*.   22,15 Dir *L*. dir *KBo*.   22,18

F r a n z *LBo*. F r a n z. *K*. / an und *B*. an, *LKBo*.   22,21 f. hirnwüthig. *(Punkt nach L zu streichen) L*. hirnwüthig . . *K*. *Befund
wie K, Deutung: – (vgl. anders* 22,2*) Bo*.   22,24 räuchern *BKBo(?)*.
rauche *L*.   22,25 rothe Mund, *L*. rothen Mund *KBo*.   22,26 Wie,
Marie *BK*. Adieu, Marie *L*.   22,26 f. Sünde –. *L*. Sünde – *KBo*.
22,31 könn' *LBo*. könn *K*. / Mensche *LBo*. Menschen *K*.   22,32
andern. *LBo*. andern – *K*.   22,34 Auge *L*. Augen *KBo(?)*.   22,35
man *LKBo*, *fehlt bei B*.   22,36 *Keine Entzifferung bei B*. Mit
dießen Augen *L*. Mußt sterben Luder – *K*. [Wirst sehn lernen:
*Lesart von Herrn Prof. Dr. Karl-Heinz Hahn, Direktor des
Goethe- und Schiller-Archivs, Weimar (wo sich die Handschriften
befinden), zitiert bei Müller-Seidel S. 267 ff.*]
24,2 Wort. *L*. Wort – *K*.   24,5 Hund. *L*. Hund – *KBo*.   24,6 drei
Groschen *B*. 2 Groschen *LKBo*.   24,6 f. schlecht. Die *L*. schlecht, die
KBo.   24,20 eimal *LBo*. einmal *K*.   24,23 an *B*. auf *LKBo (mit
L zu ändern in:* an*)*.   24,25 steckt *BL*. streckte *K*. streckt *Bo(?)*.
24,26 f. Sonnenstrahlen hineinfallen *L*. Sonnenstrahlen hinein fallen
K. Sonnenstrahlen hineinfallen *Bo*.   24,28 ärgre *L*. ärger *KBo*.
24,28 f. Ärger *L*. Aerger *K*. Arger *Bo*.   24,31 Kaltblütigkeit. *L*.
Kaltblütigkeit! *KBo(?)*.   24,33 der einen betrügt *BK*. der einem
krepirt *L*. *Beide Varianten fraglich, aber:* der einem *Bo*.   24,33 f.,
Woyzeck, *B. fehlt bei LKBo*.   24,35 einer *BL*. man *KBo*.
26,3 in *L*. im *KBo*.   26,6 Nase.) *L*. Nase) *KBo*.   26,9 wachsen? *L*.
wachsen. *KBo*.   26,11 die zweite Spezies *B*. d. zweite Species *LBo*.
in der zweiten Species *K*.   26,11 f. ausgeprägt. *L*. ausgeprägt, *KBo*.
26,14 Hauptmann? *L*. Hauptmann! *KBo*.   26,18 Menage *LBo*.
menage *K*. / mei *LBo*. meine *K*.   26,19 Dienst? *(Fragezeichen ergänzt) L*. Dienst, *KBo*.   26,21 casus. *L*. casus *KBo*.   26,26 Angst;
L. Angst, *KBo*.   26,30 Mensch. *LBo*. Mensch – *K*.   26,31 Rock
BL. Stock *KBo*.   26,32 Menschen Leben *L*. Menschen-Leben *K*.
26,33 schwermüthig *L*. schwermüthig *KBo(?)*.   26,35 Rock *BLBo*.
Stock *K*.   26,36 Hm! *L*. Hm, *KBo*.   26,38 cerebri *BK*. cerebralis *LBo(?* s ergänzt*)*.
28,3 ohngefähr *B*. ohngefähr (h *nach* o *ergänzt) LBo*. ungefähr *K*.
28,4 Übrigens *LBo*. übrigens *K*.   28,10 sehn (n *nach L zu streichen)
L*. sehe *KBo*.   28,12 Sargnagel. *LBo(?)*. Sargnagel *K*.   28,13 f. Das
ist Hohlkopf! *L*. das ist Hohlkopf. *K*. das ist Hohlkopf *(Satzzeichen unsicher) Bo*.   28,15 Falte.) *L*. Falte) *KBo*.   28,16 Doctor? Das
(Fragezeichen ergänzt) L. Doctor, das *KBo*.   28,17 f. Exercirzagel.
L. Exercierzagel *KBo (Wort stark kontrahiert, kein Satzzeichen)*.
28,19 Sargnagel. *L*. Sargnagel. – *KBo*.   28,24 sizt *L*. sitzt *KBo*.
28,25 sizt *L*. sitzt *KBo*.   28,29 Sonntagsonnwetter. *L*. Sonntagsonnwetter. – *KBo(?)*.   28,30 Die *LK*. Mit *K zu ändern in* die *Bo*. /
hinaus *L*. hin *KBo*.   28,32 Tanz, *LBo*. Tanz. *K*. / tanze. *L*.
tanze *KBo*.   28,33 in Sternen *BLBo* (in *mit L zu ändern in:* im*)*.
im Stern *K*.   28,39 kei *L*. kein *KBo*.
30,3 Tanz, Tanz! Wird *B*. Tanz. Tanz. was *L*. was *(nach Streichung*

von Tanz. Tanz. Ich hör*(?)* Tanz, *zu lesen* Was) *KBo.* 30,6 , muß
sehen *(aus Hb,4 übernommen) B. Zu streichen LKBo.* 30,14 Brann-
dewein, – *L.* Brandewein. – *K.* Brandewein, – *Bo.* 30,16 Vorwärts!
Ich *BL (Rufzeichen nach L ergänzt).* Verdammt Ich *K. (Erstes Wort
unsicher)* Ich *Bo.* 30,20 Brandewein. *L.* Brandewein. – *KBo.*
30,21 Vergißmeinich! *L.* Vergißmeinicht! *K. Endbuchstabe und
Satzzeichen (Punkt oder Rufzeichen) sekundär verkleckst und un-
erkennbar Bo.* 30,22 f. unse Nase wärn *LBo(?).* unsre Nasen wären *K.* 30,23 könnte *LBo(?).* könnten *K.* 30,24 de Hals *LBo.* den
Hals *K.* 30,25–30 A n d r e im Chor *bis* mei Freud: *nach BL an
dieser Stelle; nach K einzuordnen nach der folgenden Regieanwei-
sung.* 30,25 A n d r e *BLBo.* D i e A n d e r n *K.* 30,27 ein *L.*
einen *(n am Schluß ergänzt) KBo. /* Wald. *L.* Wald, *KBo.* 30,28 ha
lustig *BBo.* gar lustig *L.* Ha lustig (Ha *bis* Jägerei: *eigene Zeile)
K.* 30,31 an's Fenster. *LBo.* ans Fenster; *K.* 30,33 W o y z e c k.
Er! Sie! Teufel! *(aus Hb,5 übernommen) B. Entfällt LKBo.* 30,34
Vorbeytanzen) *(en) ergänzt) L.* Vorbeytanz: *(Doppelpunkt und ergänzt) KBo. /* zu.) *(Klammer nach L zu streichen) L.* zu) *K.* zu.)
*Bo (Also Regiebemerkung mit Sprechtext in Klammern zu belassen
als Zeichen des Abseitssprechens.)* 30,35 W o y z e c k. L. W o y-
z e c k *KBo. /* Immer zu! – immer zu! *L.* Immer zu. – immer zu
K. Immer zu. – immer zu. *Bo.* 30,37 dreht *L.* Dreht *KBo.* 30,38
die *B, fehlt LKBo (aber nach LBo zu ergänzen).* 30,39 über-
nanderwälzt *LBo.* übereinander wälzt *K.*
32,4 Kerl! *LBo(?).* Kerl. *K. /* herumgreift *B.* herumtappt *LBo.* herum-
getappt *K.* 32,5 wie ich *BL (ch bei L ergänzt).* wie immer *KBo(?).*
Anfang! *L.* Anfang. *(Punkt ergänzt) KBo.* 32,6 H a n d w e r k s-
b u r s c h. *LBo.* H a n d w e r k s b u r s c h *K.* 32,7 Wandrer
(r nach d *ergänzt) LBo.* Wanderer *K. /* dem *BL.* den *K. Befund
wie K, Deutung wie BL, Bo.* 32,15 hätte *B. Von Büchner gestrichen LKBo. /* Er *L.* er *KBo(?).* 32,17 hätte? *L.* hätte. *KBo.* 32,18
übel *BK.* eitel *LBo.* 32,19 Beschluß *L.* Beschluß, *KBo.* 32,23
Musik! *L.* Musik. – *KBo.* 32,25 lauter, – *LBo.* lauter, *K.* 32,32
dreht *L.* dreh't *KBo.* 32,35 tanze *L.* tanzen *KBo(?).* 32,35 f.
Einer ist müd, und dann *B. Von Büchner gestrichen LKBo.* 32,36
Amen. *L.* Amen. – *KBo.* 32,37 Es redt immer: stich! stich! *B. Von
Büchner gestrichen LKBo, Streichung nach L jedoch wieder aufzu-
heben; zweites Rufzeichen nach L zu ergänzen.*
34,1 trinke *LBo.* trinken *L. der KBo.* 34,7 besoffen
L. besoffn *KBo.* 34,9 f. Du Kerl, sauf! *B.* da Kerl, sauf, *LKBo.*
der Mann muß saufen, *(an dieser Stelle) LKBo. Nach B am Ende
des Rollentextes.* 34,12 T a m b o u r   M a j o r *LBo.* T a m-
b o u r - M a j o r *K. /* Dir *L.* dir *KBo.* 34,13 ziehe *LBo(?).* ziehn
K. 34,13 f. herumwickle *LBo.* herumwickeln *K.* 34,16 sezt *L.* sezt
KBo(?). / die *LBo.* eine *K.* 34,19 Ha. *LKBo, fehlt bei B; Zeilen-
stellung: nach LBo: vor Brandewein, bei K trotz richtigem Befund:
nach* pfeifen. 34,22 Andre *BLBo.* Andrer *K.* 34,28 ganz *BLBo.*

goud *K.* 34,28 f. abschneide, Nu *L.* abschneide, nu *KBo.* 34,31
nen ökonomischen *L.* ein ökonomisch *K.* ein ökonomische *Bo.* 34,33
schneide *L.* schneiden *KBo(?).* 34,34 Zwee *L.* Zwe *KBo.* 34,36
s'is *L.* es is *KBo.*
36,1 allein) *LBo.* allein *K.* 36,2 f. Herrgott! *L.* Herrgott. *KBo(?).*
36,6 Dich *L.* dich *KBo.* 36,10 f. Karl! Das brüst *BL.* Fort! Das
läuft *K.* 36,12 N a r r. (liegt und erzählt sich Märchen) an *BL*
(Klammer nach L zu streichen). N a r r (liest und erzählt sich
Wünsch) an *K.* (Narr *bis* Fingern *nach B Regiebemerkung ohne*
Sprecherwechsel; nach LK ist N a r r *neue Sprecherbezeichnung.)*
36,16 *Nach LK beginnt mit* Der Franz *neuer Sprechtext Maries.*
Zeilentrennungsstrich vor Der Franz *Bo.* 36,17 hier. *L.* hie *KBo.*
36,22 Dir *L.* dir *KBo.* 36,22 f. salben. *L.* salben (n ergänzt) *K.*
salbe (-n *zu ergänzen, Satzzeichen unsicher) Bo.* 36,24 Caserne
L. Kaserne *KBo.* 36,25 Woyzeck. *(Punkt zu streichen) LBo.* Woyzeck, *K.* 36,27 is *LBo.* ist *K.* 36,31 f. Leiden *bis* Gottesdienst
fehlt bei B. 36,32 Gottesdienst. *L.* Gottesdienst, *KBo.* 36,36
scheint. *L.* scheint, – *KBo(?).* 36,37 wohl) *LBo.* wohl). *K.*
38,1 W o y z e c k. *LBo.* W o y z e c k *K.* / hervor.) *LBo.* hervor) *K.*
38,3 Bataillon, *L.* Bataillon *KBo.* / Compagnie *LBo.* Kompagnie *K.*
38,3 f. geb. Mari(ä) Verkündigung d. 20. Juli (–) ich bin heut alt
(B)K. geb. d. i. ich bin heut Mariä Verkündigung d. 20. J alt *L.*
geb. – d. d. ich bin heut Mariae Verkündigung d. 20. Juli alt
Bo. 38,4 Mariä *L.* Mariae *KBo.* 38,6 Franz, *LBo.* Franz;
K. / Armer Du *L.* Armer du *KBo.* 38,7 trinke *LBo.* trinken *K.*
38,9 wann *LBo.* wenn *K.* 38,10 sammlet (e ergänzt) *L.* sammelt
KBo(?). 38,13 am Lichtmeßtag *B.* St. Lichtmeßtag *LBo.* auf Lichtmeßtag *K.* 38,14 Blühn. *LBo.* Blühn, *K.* 38,15 Wieße *B.* Straße
LKBo. 38,17 vorn, *L.* vorn *KBo.* 38,18 hinte drein. *LBo(?).* hinter drein, *K.* 38,20 S'ist *LBo(?).* Ist *K.* 38,21 *Sprecherbezeich-*
nung fehlt LKBo (mit L K i n d *zu ergänzen). Im folgenden*
keine Sprecherbezeichnungen. / immer! *L.* immer. *KBo.* 38,22 anfangen *L.* angefangen *KBo.* 38,23–25 Warum? Darum? Aber
warum darum? *(wie in der Handschrift) BLBo.* Nach K *nur Ent-*
wurf. 38,24 nit *L.* nit. *KBo.* 38,25 sein *(»oder singen«) B.* singen
L. singen. *KBo.* 38,30 eimal *LBo(?).* einmal *K.*
40,1 Mutter *LBo(?).* Mutter, *K.* 40,2 f. hingangen *LBo(?).* hinge-
gangen *K.* 40,3 hat gesucht *B.* hat greint *L.* hat gerufen *K.* / Und
weil *BL.* Und wie *KBo(?).* 40,7 wie's *L.* wie es *KBo.* 40,8 ver-
welkt Sonneblum *BK.* verreckt Sonneblum *L.* 40,9 golde *LBo.*
goldne (ne *ergänzt) K.* 40,10 Schlehe *L.* Schlehen *KBo(?).* / wie's
L. wies *KBo.* 40,12 allein *LBo.* allein, *K.* 40,13 geweint *L.*
geweint, *KBo(?).* 40,14 allein. *L.* allein *KBo.* 40,16 M a r g r e t h
L. M a r g r e t h. *KBo.* 40,17 wolln *LBo.* wollen (n ergänzt) *K.* /
gehn. S'ist *L.* gehn s'ist *KBo. (Apostroph ergänzt).* 40,21 Stadt.
S'ist (dt. *ergänzt) L.* Sta s'ist *KBo.* 40,24 Füß *L.* Füße *KBo.* 40,25
nur auch! *(nur erschlossen) BL.* wieder auch? *(der in* wieder *ergänzt)*

K. (Erstes Wort unleserlich) auch? *Bo.* 40,26 es just *BLBo(?).* es
jetzt *K.* 40,26 f. ist, Magreth *L.* ist Margreth *KBo.* 40,28 Am
Pfingsten *B.* An Pfingsten *L.* Am Zwanzigsten *K.* 40,30 Nachtessen richten. *BLBo(?).* Nachtessen halten. *K.* 40,32 heiß, heiß *L.*
heiß, heißen *KBo(?).* 40,33 eimal *L.* einmal *K.* 40,35 *Vor* und
keine Entzifferung bei BL. Sterben und *KBo(?).* / ist so *LBo(?)* ist,
so *K.* 40,36 Morgenthau (t *ergänzt) LBo.* Morgentau *K.* 40,39
Schweigen *L.* schweigen *KBo.*

42,2 blaß. *LBo.* blaß, *K.* 42,3 halt ein! *B.* halt! *L.* halt. *KBo.* 42,4
sterben? *(Fragezeichen ergänzt) L.* sterben. *KBo.* 42,5 nicht, *L.*
nicht *KBo(?).* 42,11 Dort! *B.* Da! *LBo.* Dort *K.* 42,13 ist lang *B.*
lang ist *LKBo.* 42,14 Fort, *L.* Fort *KBo.* 42,15 jezt *L.* jetzt *Bo(?).*
42,16 so dunstig – allenthalb *B.* so dunstig, allenthalb *(Komma und*
llent ergänzt) L. so duftig – halb *KBo.* 42,17 gesprungne (ne er-
gänzt) L. gesprungene *KBo(?).* 42,22 eimal *L.* einmal *K.* 42,28
tanzt.) *L.* tanzt) *KBo.* 42,29 eimal so, *L.* einmal so; *K. Erstes*
Wort stark kontrahiert (wie 42,22), am Ende Komma Bo. 42,31
Warum denn? (nn? *ergänzt) BL.* Warum du *K.* 42,32 singen *L.*
singe *K.* 42,32 *Vor dem Lied keine Sprecherbezeichnung. Nach*
BLK zu ergänzen: K ä t h e. 42,37 *Vor* Nein *keine Sprecherbe-*
zeichnung. Nach BLK zu ergänzen: L o u i s.

44,1 K ä t h e (dann) *B.* Käthe tanzt: *L.* C h o r dann: *K.*
44,2 dei *LBo.* dein *K.* 44,3 *Vor* Ja *keine Sprecherbezeichnung.*
Nach BLK zu ergänzen: L o u i s. / wahrhaftig! *L.* wahrhaftig,
KBo. 44,3 f. machen *LBo.* mache *K.* 44,7 Roth, *LBo.* Roth! *K.*
44,9 Blut? Blut. *LBo.* Blut? Blut? *K.* 44,11 f. der rechten *L.*
die rechte *KBo(?).* 44,15 f. Ellbogen? *L.* Ellbogen. *KBo.* 44,16
geschickt. *L.* geschickt *KBo.* 44,17 f. ich riech, ich riech Menschenfleisch *B.* ich riech, ich riech, ich riech Menschefleisch *L.* ich riech,
ich riech, ich riech Menschenfleisch *KBo.* 44,18 Puh! *L.* Puh. *KBo.*
44,20 Teufel! *L.* Teufel. *KBo.* 44,21 Bin *L.* bin *KBo.* 44,22 an!
(Rufzeichen ergänzt) L. an. *KBo(?).* 44,24 Fort zu Margrethln!
(zu ergänzt) B. Fort! Magrethchen! (ch *ergänzt) L.* Fort. Margrethe
is (is *an -the angehängt) KBo.* 44,25 is? *(Fragezeichen ergänzt)*
L. is. *KBo.* 44,26 nit? *L.* nit! *K.* nit. *Bo.* 44,29 Lochschlucht *B.*
Lochschanz *LKBo.* / in das Wäldchen *B.* in dem Wäldche *L.* in die
Weiddrift *KBo(?).* 44,31 Kommt schnell, daß *B.* Fort, daß *L.*
Kommt, daß *KBo.* 44,31 f. tragen's sonst hinein (n's *bei L er-*
gänzt) BL. tragen sie erst hinein *K.* trage sonst hinein *Bo.* 44,36
der *L.* de *K. Befund wie K, Deutung wohl wie L, Bo.*

46,3 schwarz! *L.* schwarz.! *K. Befund wie K, Deutung wohl wie L,*
Bo. / jezt *L.* jetzt *Bo(?).* fehlt bei *B.* 46,4 deine schwarzen *B.*
die schwarze *L.* dei schwarze *K.* 46,4 f. deine Zöpfe *B.* die Zöpfe
LKBo. 46,5 kalt, *LBo(?).* kalt *K.* 46,6 stille *LBo.* still *K.* / dem
L. de *K.* 46,7 Leute. – Dort *L.* Leute – dort *KBo.* 46,13 jezt –
(Gedankenstrich ergänzt) L. jetzt, *(Komma ergänzt) K.* jetzt *Bo.*
46,13 f. Sommer, *L.* Sommer *KBo.* 46,15 kann's erkennen – *L.*

kann es erkennen *K.* 46,16 waschen. Da *(en. ergänzt) L.* waschen, da *(Komma ergänzt) KBo.* 46,19 sizt vorm *L.* sitzt vor dem *KBo.* 46,20 Was machst *BLBo(?) (B: »oder willst«).* Was willst *K.* 46,21 ist's? *(Fragezeichen ergänzt) L.* ist's. *KBo.* 46,23 So noch *BKBo.* is noch *L.* / meint' *L.* mein *KBo.* 46,24 gehn, und ich will es mir überlegen vor Abend. *(vor ergänzt) B.* gehn und Ich wollt es wär übermorgen Abend *LKBo* (und *nach L zu streichen,* ich statt Ich *KBo).* 46,28 Jeh, das Vergnügen. *B.* Geh dei Wege *L.* Jeh die Wartezeit. *K.* geh dei Wege. *Bo.*

48,1 *Keine Sprecherbezeichnung, nach BLK vermutlich:* A n - d r e s. / sizt *L.* sitzt *KBo.* / Thür? *L.* Thür. *KBo.* 48,2 size *L.* sitze *KBo.* / size *L.* sitze *KBo.* 48,3 der *L.* die *KBo.* 48,3 f. nicht: Es *L.* nicht; Es *KBo.* 48,4 mancher *L.* manche *KBo.* 48,5 getragen! *L.* getragen. *K.* getragen *Bo.* 48,6 *Keine Sprecherbezeichnung, nach BLK vermutlich:* A n d r e s 48,7 *Keine Sprecherbezeichnung, nach BLK vermutlich:* L o u i s. / siz *L.* sitz *KBo.* / so. Ja Andres Grobe Hobelspän sind ja auch noch Polster. *(erschlossene Lesung) L.* so. Je karger liegen lassen und je länger würde so besser, *K. Keine Entzifferung bei B.* 48,8 *Keine Sprecherbezeichnung, nach BLK vermutlich:* L o u i s. / Im Kopf *BL (nach L zu streichen).* Im Kopf? *KBo(?).* 48,9 *Keine Sprecherbezeichnung, nach BLK weiterhin* L o u i s. 48,10 seidens *LBo.* seidnes *K.* 48,10 f. ihr Bett aus Hobelspän *BK* (ihr Bett *bei K vom Beginn des gestrichenen Textes ergänzt).* die Hobelspän *LBo.* 48,11 *Keine Sprecherbezeichnung, nach BLK vermutlich:* A n d r e s. 48,13 denn da drüben *B.* denn da üben *L.* dann da drüben *K.* dann dar üben *(letztes n ergänzt) Bo.* 48,13 f. Es glänzt nur so. *B.* Ebe glänzt es so. *(e nach b ergänzt) L.* Es glänzt mir so – *K.* Es *(oder Eb, Eh)* glänzt es so *Bo.* 48,14 de Augen *L.* den Augen *KBo.* 48,15 glizert. *L.* glitzert . . *K.* glitzert. *Bo.* 48,22 (er träumt). Da Halt! – ja. *B.* (träumt.) Da – halt! – Ich *(Gedankenstrich nach Da ergänzt,* h *nach* Ic *ergänzt) L.* (verträumt) Da. halt! – Ja *KBo (K erkennt Rufzeichen:* Da!*).* 48,23 Andres! *(Rufzeichen ergänzt) L.* Andres. *KBo.* 48,24 Wie *BLBo.* Nu *K.* 48,26 Alp? *LBo.* Alp! *K.* 48,28 du's jezt, und jezt *L.* dus jetzt, und jetzt *KBo.* 48,29 klopfen? *(en? ergänzt) L.* klopfen, *KBo(?).* 48,30 hineingeguckt *(ein ergänzt) B.* hereingeguckt *(ein ergänzt) L.* hingeguckt *KBo.* / nicht? Ich *L.* nicht, ich *KBo.* 48,31 Stich! *L.* Stich, *KBo.* / die *B.* die Woyzecke todt. *(Befund:* die W *Rest ergänzt) L.* die W *(»wahrscheinlich für* Woyzecke«) *K.* 48,32 Louis. Du *(Punkt ergänzt) L.* Louis du *KBo.* 48,33 trinke *LBo.* trinken *K.*

50,5 Hosen, *LBo.* Hosen; *K.* 50,6 So bist Baron. *BLBo.* So bist brav. *K.* / Wicht ist *BLBo.* Michl ist *K.* 50,9 rapräsentation *LBo.* rapresentation *K.* 50,12 W o y z e c k *BL.* S o l d a t *K.* 50,16 M a r k t - s c h r e i e r *LK. Bei B nicht entziffert.* 50,16 f. viehische *L.* viehisch *KBo.* 50,17 Beschäm *L.* Beschäme *KBo.* 50,18 Meine Herren, *(ne und en, ergänzt) L.* Mein Herr *K. Befund wie K, Deutung*

wie L, Bo. / das sie *BL.* wie sie *K.*   50,19 Hufe *LBo.* Hufe, *K.*
50,20 unse *L.* unsre *K.* unser *Bo.*   50,21 u. schlage lerne *L.* und
schlagen lernen *(en in* schlagen *ergänzt) K.* und schlage lernen *Bo.*
50,22 Verstand. *LBo.* Verstand! *K.*   50,22 f. doppelte raison.
doppelten raison . . *KBo.*   50,23 f. doppelte *L.* doppelten *KBo(?).*
50,24 f. d. gelehrte Société *LBo.* der gelehrten société *K.*   50,26
Räson? *L.* Raison! *KBo.*   50,28 Person. *L.* Person! *KBo(?).* / thie-
risch *L.* thierische *KBo.*   50,29 bête. *L.* bête, *KBo.* / auf) *LBo.* auf). *K.*
50,30 société. *L.* société! *KBo(?).*   50,32 schädlich. *L.* schädlich!
KBo.   50,32 f. natürlich. Du *L.* natürlich; du *K.* natürlich! du *Bo.*
50,33 geschaffe *LBo(?).* geschaffen *K.*   50,34 als *LBo.* als: *K.* /
Sehn, sie *LKBo (Komma nach L zu streichen, nach KBo ein Wort*
weiter zu rücken, vgl. 60,7). 50,35 f. an d. Finger *L.* an den
Fingern *K. Befund wie L, Deutung wohl wie K, Bo.*   50,36 u. 52,1
ausdrücke *LBo (e bei Bo ergänzt).* ausdrücken *(en ergänzt) K.*
52,1 explicirn *LBo.* explicieren *(n ergänzt) K.* / verwandelter *(e nach*
d *sowie* t *ergänzt) L.* verwandter *KBo.*   52,3 Uhr? *(Fragezeichen*
ergänzt) L. Uhr. *KBo.*   52,5 eine Uhr *BK.* die Uhr *LBo.*   52,6
siebe *LBo(?).* sieben *K.*   52,10 Casernenhof *L.* Kasernenhof *KBo.*
52,11 gehört? *L.* gehört. *KBo.*   52,12 da noch *BLBo(?).* da vorbey
K. / Kamraden *LBo.* Kameraden *K.*   52,14 du's *L.* dus *KBo.* /
ich's *L.* ichs *KBo.*   52,16 so heiß *BL.* so fest *KBo.*   52,17 L o u i s.
LBo. L o u i s *K.*   52,20 Kamrad *LBo.* Kamerad *K.*   52,21 Meim
Officier *L.* Mein Officier. *(vielleicht Komma statt Punkt) KBo.*
52,26 P o l. *BK.* G d *(ergänzt zu:* G e r i c h t s d i e n e r)
LBo(?).   52,29 feig, gutmütig *B.* feig, schlecht *L.* feig, geflissent-
lich *K. Dieser Text eine Personencharakteristik, kein Rollentext*
Bo.   52,31 Wissenschaftl. *BL.* Wissenschaft. *KBo.*
54,1 Öffentlicher *L.* Oeffentlicher *KBo.* / Buden. *L.* Buden – *KBo.*
54,2 M a n n. *L.* M a n n – *KBo.*   54,3 Bestand *L.* Bestand.
KBo(?).   54,4 sterben *L.* sterbe *KBo.*   54,5 *Keine Sprecherbe-*
zeichnung, nach BK vermutlich: W o y z e c k. / Hei! Hopsa's!
Armer Mann *B.* Hey! Hopsa! Arm Mann *L.* Ha! Hopsa's! Armer
Mann *(er in* Armer *fehlt) K.* He! Hopsa's! Arm Mann *Bo.*   54,6
Jung Kind *L.* Junges Kind *KBo(?).* / Ha, Louisel *B.* Hey Louisel
LKBo.   54,6 f. Louisel, soll ich . . L o u i s e l. Mensch, sind noch
die Narrn von Verstande, dann ist man selbst Narr. Komische
Welt! schöne Welt! *B.* Louisel, soll ich dich Ein Mensch muß auch
d. Narr von Verstand seyn *(letztes Wort ergänzt),* damit er sagen
kann: Narrisch *(isch ergänzt)* Welt! Schön Welt! *L.* Louisel, soll
ich dich fragen? Ein Mensch muß auf den Narrnverstand, damit er
erst kein Narrn vorstellt. Schöne Welt! *K.* 54,8 A u s r u f e r
vor einer *BL.* A u s r u f e r. An einer *KBo.*   54,9 das astronomische *BL.* dießes astronomische *KBo.*   54,9 f. die kleine *BL* (1 er-
gänzt) Bo. die treue *K.*   54,10 Canaillevogel *LBo.* Canaillenvogel
K.   54,11 f. Societät, verkündigen den Leuten *B.* Societät, ver-
kündige d. Leute *L.* Societät; weissagen den Leuten *(-en, -n er-*

gänzt) K. Societät, weissage d. Leute *Bo.* 54,13 Krankheit.
Schießt *L.* Krankheit, schießt *KBo.* 54,14 Bein. *L.* Bein, *KBo.* /
habe nur eine *(ur ergänzt) L.* haben nur ein *K.* habe ... ein
Bo. 54,16 kein *L.* kei *KBo.* 54,16 f. Person *LBo.* Personen *K.*
54,17 f. abgerechnet. Es wird gleich sein die *(sein ergänzt) B.*
abgerechnet. Lügen Herein. Es wird sein, die *(Lügen nach L zu
streichen) L.* abgerechnet. Beym Himmel. Es wird fein, die *K.*
abgerechnet. Hi. Es wird fei die *Bo.* 54,18 rapräsentation. Das *L.*
rapresentation, das *KBo.* 54,21 ein Aff, ein Canaillevogel! *L.* ei
Aff, ei Canaillenvogel. *K.* ein Aff, ein Canaillevogel. *Bo.* 54,22
Aff *L.* Aff' *KBo.* 54,24 H e r r. *BL.* A u s r. *K.* / Sehr grotesk!
L. Sehr grotesk. *(Punkt ergänzt) KBo.* 54,25 S t u d. *LKBo(?).*
W o y z e c k *(ergänzt) B.* 54,27 *Sprecherbezeichnung bei BL
nicht entziffert (nach L zu streichen:* Ich bin ein Freund*).* F z. *K.*
54,27 f. Sehen *LBo(?).* Sehn *K.* 54,29 *Sprecherbezeichnung:*
F r a n z. *B. Nicht entziffert bei L.* F r z. *K.* 54,30 *Nach BK
Fortsetzung des Textes von* F r a n z. *Nach L zu ergänzen:*
H e r r.

56,5 f. Sargnagel? *L.* Sargnagel. *(Punkt statt Doppelpunkt) KBo.*
56,7 f. Exercirzagel? *(Fragezeichen ergänzt) L.* Exercierzagel. *KBo.*
56,9 f. verehrtester Grabstein *B.* werthester Grabstein *LKBo.*
56,11 nicht *L.* nicht, *KBo.* 56,13 schnell, Geehrtester *B.* schnell.
Hahaha *L.* schnell Geehrtester *K.* schnell Geehrter *Bo.* 56,14
hetzen *LBo.* hetze *K.* 56,15 machen *LBo.* mache *K.* 56,16
Hauptmann *LBo.* Hauptmann, *K.* 56,19 ihrem Rock in der Luft
B. ihrem Stock in die Luft *LKBo.* 56,20 tot, ein *(keine weitere
Entzifferung) B.* todt, via coronar congestionis, *L.* todt, ein conex
operativus, *K.* 56,26 f. interessant's *LBo.* interessantes *K.* 56,28
Sie beim Flügel *B.* sie Herr Flegel *L.* sie beym Flügel *K.* sie hier
Flegel *Bo.* 56,29 Teufel. *L.* Teufel, *KBo.* 56,30 bin, *L.* bin *KBo.*
56,33 Morgen *L.* Morgen, *KBo.* 56,35 f. Hauptmann. Das *(Punkt
nach L durch Fragezeichen zu ersetzen) L.* Hauptmann, das *KBo.*
56,36 Hä? *BKBo.* Ha? *L.*

58,1 f. Doctor. Das *(Punkt nach L durch Fragezeichen zu ersetzen)
L.* Doctor, das *KBo.* 58,2 Hähähä! *BKBo.* Hahaha! *L.* 58,4
hähähä *B.* hahaha *(letztes a ergänzt) L.* hähäh *KBo.* 58,5 uns
vorbei. *B.* uns vorbey? *L.* mir vorbey. *KBo.* 58,6 Woyzeck, er *L.*
Woyzeck. er *KBo.* 58,8 rasirn u. würd *(n ergänzt) L.* rasiren und
würde *(ren ergänzt) KBo.* 58,9 noch vorm Verschwinden. Aber *B.*
noch vorm Verschwinden – aber *L.* nach einer Viertelstunde – aber
KBo(?). 58,10 was *L.* was – *KBo.* 58,13 man müßt *BK.* man muß
LBo. 58,13 f. abgewöhnen, du, du, *BL.* abgewöhnen, die, die, *KBo.*
58,15 Ha! *B.* Hä? *LKBo.* 58,16 eim *L.* einem *KBo(?).* 58,17 He, *L.*
He *KBo.* 58,18 Menschen, *LBo(?).* Mensche *K.* 58,19 sapeur *LBo.*
Sapeur *K.* 58,22 sagen *LBo(?).* sage *K.* 58,24 f. steckt Alchy-
misten *BK. Keine Entzifferung bei L.* 58,25 Vielleicht nun *B.*
muß nun *LKBo.* 58,28 auch das Lieben *B.* auch die Liebe *L.* wie-

der das Lieben *KBo.* 58,35 hart, *L.* hart *KBo.* 58,36 hüpfend,
unregelmäßig *BL.* hüpfend, ungleich *KBo(?).* 58,37 f. mir eiskalt!
L. mir eiskalt *K.* 58,39 Unmöglich, *L.* Unmöglich. *KBo.* 58,40 will
er Rechenschaft *B.* will er erschossen werden *(en werden ergänzt) L.*
will er erschossen *K.*
60,1 mein's *L.* mein es *KBo.* 60,4 Haltung aufgeregt *BK.* Haltung aufgerichtet, *(r und et, ergänzt) L.* 60,7 Sehn, sie *LKBo*
(Komma nach L zu streichen, nach KBo ein Wort weiter zu rücken,
vgl. 50,34). / fester, grauer *B.* festen groben *L.* festen grauen
KBo(?). 60,9 Gedankenstrichels *LBo.* Gedankenstriches *K.* 60,10
nein, H., H. Hauptmann *(Komma hinter H. ergänzt) L.* nein, Herr
Hauptmann *K.* nein, Herr Herr Hauptmann *Bo.* 60,11 das Nein
am Ja oder das Ja am Nein *L.* das nein am ja oder das ja am nein
KBo. 60,12 Schuld? *L.* Schuld. *KBo.* / nachdenke. *L.* nachden-
ken, *K.* nachdenke, *Bo.* 60,14 D o c t o r. *LBo(?).* D o c t o r *K.*
60,17 f. aus, als läuft *BK.* aus, es läuft *LBo.* 60,18 Spinnbein, und
L. Spinnbein. und *KBo.* 60,19 Der Lange *L.* Der lange *KBo.* / der
Kleine *L.* der kleine *KBo.* 60,21 *Keine Entzifferung des Wortes*
nach ist *bei BL.* ist dankbar *KBo(?).* 60,24 Von d . . . . zu . . ., von
da zur . . ., von da zur . . ., wie man zu . . . Grotesk! *B.* Von d . . . .
zu Fuß, von da zum . . ., von da zur courage, wie man zu so Was
kommt. Grotesk! *L.* Von der Polizey zur Miliz, von da zur Kompagnie, von da zur courage, wenn man zu seinen Soldaten kommt,
grotesk! *K.* 60,28 *Keine ausdrückliche Sprecherbezeichnung. L er-*
gänzt: P r o f e s s o r. 60,29 nichts als *LBo.* nichts, als *(statt nichts*
als,*) K.*
62,1 Subjects zum Object. Wenn *L.* Subjectes zum Object wenn
K. Subjects zum Object, wenn *Bo.* 62,3 einem so *BL.* einem der
KBo. 62,4 Ihr Verhältniß *L.* Ihre *(e ergänzt)* Verhältnisse *KBo.*
62,7 gravitationis gemäß ihrem *B.* gravitationis u. d. *LBo.* gravitationis und ihrem *K.* 62,13 Ey, ey *L.* Ey, Ey, Ey *KBo.* / Woyzeck. *L.* Woyzeck *KBo(?).* 62,14 Katze. *LBo(?).* Katze *K.* 62,15
Hühnerlaus *B.* Hasenlaus *LKBo.* 62,16 Species *L.* Spezies *KBo.* /
verschieden, die Herr *B.* verschieden, enfocé, der H. *LBo.* verschieden, enfoncé, die Herr *K.* 62,17 f. Herren – (Die *L.*
Herrn – (die *KBo(?).* 62,19 keinen *(nen ergänzt) L.* kein *KBo.*
62,19 f. Instinkt – Ricinus *B.* Instinct. Ricinus, herauf *L.* Instinct –
Ricinus, herauf *KBo(?).* 62,20 f. Pelzkragen. Meine *BL.* Pelzkragen und meine *K.* Pelzkragen *(und ? zu streichen)* Meine *Bo.* 62,21 f.
anders sehen *LBo(?).* andres sehn *K.* 62,23 bemerken Sie *B.* beachten sie *(n ergänzt) LBo(?).* bemerkten sie *K.* 62,24 der und *B.* da
und *LKBo.* 62,32 wollen. Zwei *L.* wollen, Zwei *KBo.* 62,33
Allons *B.* Allons *(s ergänzt) LBo.* Allon *K.* 62,35 bewegen, *L.*
bewegen; *KBo(?).* 62,36 Katze! *L.* Katze. *KBo.* 62,37 die Folge
B. in Folge *LKBo.* 62,38 Erziehung *L.* Erziehung, *(Komma statt*
Punkt) K. Erziehung. *(Punkt zu streichen) Bo.* Muttersprache. Wieviel Haare *BL.* Muttersprache. Alles Haar *(Punkt statt Komma)*

K. Muttersprache, Alles Haar *Bo.* 62,40 Zärtlichkeit? *(Fragezeichen statt Komma) L.* Zärtlichkeit. *K. (Punkt statt Komma) Bo.* 64,2 K a r l. *L.* K a r l *KBo.* 64,3 in's *L.* ins *KBo. /* gefallen, *L.* gefallen, – *KBo(?). /* in's *L.* ins *KBo.* 64,3 f. gefalln, wie, der *LBo.* gefallen, mir, der *(n in* gefallen *ergänzt) K.* 64,4 in's *LBo.* ins *K. /* gefalln *LBo.* gefallen *(n ergänzt) K.* 64,5 Christian. *L.* Christian, *KBo.* 64,6 K a r l. *LBo(?).* K a r l *K.* 64,6 f. gefalln. *L.* gefallen, *(n ergänzt) K.* gefalln, *Bo.* 64,10 gefalln *LBo.* gefallen *K.* 64,11 Christianche *(e ergänzt) LBo(?).* Christianchen *(en ergänzt) K.* 64,12 sa, sa *LBo(?).* sa sa *K. /* (Das *L.* (das *KBo.* 64,13 Reuter. *(Punkt ergänzt) L.* Reuter, *KBo(?).* 64,16 Hop! *BLBo.* Hoch! *K.*

Entstehungsprozeß und Handschriftenverhältnisse

Der Entstehungsprozeß von Büchners »Woyzeck«-Hand-
schriften wurde erst kürzlich durch eine Beobachtung von
Wilfried Buch in neues Licht gerückt. Ohne allen anderen
Schlußfolgerungen Buchs zustimmen zu können, teilen wir
doch seinen Zweifel an der älteren, im wesentlichen schon
von Bergemann, insbesondere von Lehmann und Krause
vertretenen These von »dem geschlossenen Handlungsverlauf
von der Untreue bis zur Amtshandlung an der Leiche nach
vollzogenem Mord – 20 Szenen auf zwei Bogen (I–II) und
1 Szene auf einem weiteren Bogen (III)«[1] – und zwar in der
sogenannten Handschrift »H1«. Man hat sich zu erinnern,
daß sämtliche Bogen- und Szenenzählungen von den Herausgebern, nicht von Büchner stammen.

Wir stellen also fest:

1. Die zwei zur Handschrift »H1« gerechneten Hauptbo-
gen »I« und »II« enthalten jeweils 10 Szenen mit jeweils in
sich erkennbarem Handlungszusammenhang. Der eine Bogen
(»I«) thematisiert vor allem den Dramabeginn, der andere
(»II«) das Dramaende. Außerdem verbindet beide Szenenfolgen gegenüber den anderen Handschriften die gemeinsame
Namensgebung der Hauptfiguren »Louis« und »Margreth«.

2. Jeweils drei Szenen beider Bogen stehen in einem sicht-
baren Entsprechungsverhältnis, nämlich die Szenen »H1,5–7«
(Wirtshaus / Freies Feld / Ein Zimmer) auf der einen Seite
und die Szenen »H1,11–13« (Das Wirtshaus / Freies Feld /
Nacht. Mondschein) auf der anderen Seite.[2] Wir bezeichnen
»H1,5–7« im folgenden als Szenenfolge A,1–3 und die Trias
»H1,11–13« als B,1–3.

Die »Wirtshaus«-Szene (= A,1 und B,1) zeigt Louis jeweils
vor dem Haus mit düsteren Todesprophezeiungen für dessen
Besucher. In den mittleren Szenen »Freies Feld« (= A,2 und
B,2) tritt Louis jeweils allein auf mit Grübeleien über das
Töten. Die dritte Szene (= A,3 und B,3) bringt beide Male
ein Gespräch zwischen Louis und Andres in der Schlafkam-
mer über Louis' quälende Alpträume.

1. Krause (s. S. 4, Anm. 1) S. 84.
2. Buch (s. S. 9, Anm. 6) S. 12 f. diskutierte nur das Verhältnis zwischen
H1,7 und H1,13.

3. In einer Szenentrias der letzten Handschrift »H4« spiegelt sich die gleiche Szenenfolge noch ein drittes Mal; es sind die Szenen »H4,11–13« (Wirtshaus / Freies Feld / Nacht), im folgenden als C,1–3 bezeichnet.

4. Eine genauere Analyse der Abhängigkeitsverhältnisse zwischen A,1–3, B,1–3 und C,1–3 führt zu folgendem gedrängten Ergebnis.[3] Die Szenen A,1 und C,1 weisen ebenso enge wörtliche Übereinstimmungen auf wie die Szenen A,2 und C,2. Die entsprechenden Szenen B,1 (dreimal ansetzender Entwurf) und B,2 (zweizeilige Szenenskizze) können im Vergleich zu jenen nur als tastende Vorentwürfe bezeichnet werden, die später fallengelassen wurden.

Die jeweils dritte Szene unserer Vergleichsgruppen macht eine stärkere Differenzierung notwendig. Hier bestehen die auffälligsten *wörtlichen* Parallelen nicht, wie eigentlich zu erwarten, zwischen A,3 und C,3, sondern zwischen B,3 und C,3 (und zwar im Szenentitel, in der Regiebemerkung und in den letzten Worten des Andres). Andererseits steht unter *thematischen* Gesichtspunkten die Szene A,3 zwischen B,3 und der Handschrift »H4«, insofern sich B,3 noch auf ein zufällig gefundenes und fortgelegtes Messer bezieht, während A,3 mit der Traumvision »es is ei großes breit Messer und das liegt auf eim Tisch am Fenster und ist in einer dunkel Gaß und ein alter Mann sitzt dahinter« einen ganzen neuen Szenenentwurf der letzten Handschrift (»H4,15«: Woyzeck kauft das Messer bei einem Juden) zum erstenmal konzipiert.[4] Wir kommen daher zu dem Schluß, daß im ganzen gesehen A,1–3 als eine Zwischenstufe zwischen B,1–3 und C,1–3 bzw. »H4« zu betrachten ist.

5. Wegen des Bearbeitungsverhältnisses zwischen jeweils drei Szenen sind demnach die beiden Bogen »I« (= »H1,1–10«) und »II« (= »H1,11–20«) als zwei verschiedene Handschriften anzusprechen. Außerdem kehrt sich das entstehungsgeschichtliche Verhältnis zwischen beiden Szenengruppen gegenüber der bisherigen Ansicht um: »H1,11–20« (mit

---

3. Vgl. die Übersicht über die Handschriftenverhältnisse S. 82: A,1–3 = »H1,5–7« = Hb,5–7; B,1–3 = »H1,11–13« = Ha,1–3; C,1–3 = »H4, 11–13« = Hd,11–13. Schon Krause hatte (S. 170 f.) die Übernahmen von »h1,5« in »H4,11«, von »h1,6« in »H4,12« und von »h1,7« und »H1,13« in »H4,13« gesehen.

4. Diese Beobachtung machte schon Buch a. a. O.

B,1–3) stellt offenkundig die früheste Werkstufe dar, »H1,1 bis 10« (mit A,1–3) die zweite Werkstufe.

Wir nennen daher – mit Buch – die Szenen des früheren Bogens (»H1,11–20«) die Handschrift Ha, die Szenen des späteren Bogens (»H1,1–10«) einschließlich der sogenannten Szene »H1,21« (eine Einzelszene am Beginn von Bogen »III«) die Handschrift Hb.[5] Im übrigen läßt auch der Schriftcharakter der Manuskripte erkennen, daß es sich bei dem Bogen »H1,11–20« um einen tastenden Entwurf handelt mit wechselndem Duktus und zahlreichen Verbesserungen, während der Bogen »H1,1–10« eine regelmäßige Schrift mit gleichem Federdruck aufweist; erst gegen Ende des Bogens (»H1,10«: Ein Wirthshaus) findet sich ein etwas unruhigeres Schriftbild.

Im Blick auf die ältere Forschungsmeinung bleibt festzuhalten, daß die beiden Handschriften Ha und Hb nahe zusammengehören, während die beiden weiteren Werkschichten Hc (früher »H2«) und Hd (früher »H4«) zumindest jedesmal eine neue Namengebung für die beiden Hauptpersonen einführen. Im Gegensatz zu den widersprüchlichen Versuchen Bergemanns, Krauses und Buchs, das Einzelblatt He (früher »H3«) mit zwei voneinander unabhängigen Einzelszenen an einer bestimmten Stelle neben bzw. zwischen den vier unterscheidbaren Werkschichten Ha bis Hd zu lokalisieren, erscheint uns beim gegenwärtigen Diskussionsstand jede genauere Einordnung problematisch, so daß der Buchstabe »e« anders als bei Buch keine entstehungsgeschichtliche Einstufung bedeutet.

Verfolgen wir nunmehr anhand der beigefügten schematischen Übersicht (S. 82) den Wachstumsprozeß der vier Werkstufen. Einzelne Motivwanderungen können in diesem Rahmen nicht berücksichtigt werden. Die sieben Szenen des

5. Daß »H1,21« handschriftlich zu den beiden ersten Bogen gehört, wurde schon von Lehmann und Krause gegen Bergemann richtiggestellt. Buch ordnete dann »H1,21« der Szenengruppe »H1,1–10« zu, womit in überzeugender Weise die beiden einzigen Szenen mit einer Barbierrolle (»H1, 10« und »H1,21«) nunmehr *entstehungsgeschichtlich* eng zusammenrücken. Offenbar veranlaßte die Barbierrolle in »H1,10« Büchner unmittelbar zu dem Vorentwurf »H1,21«, der in *thematischer* Hinsicht nicht an »H1,10« anzuschließen ist, sondern an die Handschrift Ha.

›Mord-Komplexes‹ (Ha,4–10) aus der frühesten Handschrift erfahren als einzige ganze Szenengruppe weder eine Überarbeitung noch eine Streichung. Dagegen werden die drei (oben näher betrachteten) Eingangsszenen der Handschrift Ha (1–3) zum Kristallisationskern eines stufenweise fortschreitenden Szenenanbaus und -umbaus.

Die Handschrift Hb nimmt die Szenentrias in umgearbeiteter Form (Hb,5–7) in ihre Mitte zwischen zwei neue Szenenfolgen (Hb,1–4 und Hb,8–11). Von diesen ist die letzte Szene (Hb,11: Gerichtsszene) als Umklammerung des schon in Ha entworfenen ›Mord-Komplexes‹ zu verstehen, thematisch also nach Ha,10 anzuordnen.[6] Hb,11 blieb Fragment, wurde aber nicht gestrichen. Die drei Szenenentwürfe Hb,8 bis 10 wurden ebenfalls nicht mehr bearbeitet, Hb,9.10 von Büchner gestrichen; so bereitet nur Hb,8 Schwierigkeiten bei der Frage, ob und wo sie in eine ›Schlußfassung‹ zu integrieren sei (vgl. S. 84 f.). Eine klare Entwicklung zeichnet sich mit den ersten vier Szenen unserer Handschrift Hb ab. Hb,4 bleibt unmittelbar vor der Szenentrias Hb,5–7 fest verankert, Hb,3 bildet eine schwache szenische Vordeutung auf die vierte Szene der letzten Handschrift Hd, während die beiden ersten Szenen aus Hb einen wichtigen neuen Ansatz für die weitere Ausfaltung des Dramabeginns darstellen.

Um Hb,1.2 gruppiert sich gewissermaßen die dritte Handschrift Hc. Die beiden Szenen werden zu einer einzigen verdichtet (Hc,3) und zwei neuen Anfangsszenen angefügt (Hc,1.2). Damit ist der Eingang der letzten Handschrift vorgeprägt. Von den nächsten, durchweg neuen Szenenentwürfen wurden Hc,4 und Hc,5 gestrichen und nicht weiter übernommen. Die folgende Dreiergruppe Hc,6–8 bildet eine gewichtige thematische Bereicherung und wird in Überarbeitung und mit einem inneren Stellentausch als Ganzes nach Hd übernommen. Damit ist der kompositorische Anschluß an die in Ha und Hb vorbereitete Dramamitte (Ha, 1–3 / Hb,4–7) hergestellt. Hc,9 wurde zwar gestrichen, enthält aber in nuce einen Szenenentwurf der letzten Handschrift (Hd,16).

Die letzte Handschrift wird nun gewissermaßen zum Magnetberg des älteren Materials, wobei alle aufgegriffenen

6. Vgl. Anm. 5.

Szenenentwürfe noch einmal umgeschmolzen und zwischen szenische Neuschöpfungen eingebettet werden. Hd,1–3 sind durch Hc,1–3 vorgebildet. Es folgen drei neue Szenen (Hd,4–6), sodann wieder drei aus Hc aufgenommene (Hd,7–9), daran anschließend mit Hd,10–13 ein Rückgriff auf die vier Mittelszenen aus Hb (Hb,4–7), danach abermals eine Gruppe von vier neuen Szenen (Hd,14–17). So ist Hd zusammengewachsen aus drei Dreier- und zwei Vierergruppen in einem Wechsel zwischen Rückgriff und Neuschöpfung.

Über Büchners Schreibvorgang werden wir noch genauer informiert durch die sprunghafte Seitenbeschriftung (vorwiegend in der ersten Hälfte) der letzten Handschrift, was Hd von allen anderen Handschriften unterscheidet. Die dritte Szene erscheint sogar nur durch den Titel, dem eineinhalb leere Seiten folgen. Ganz offensichtlich hat Büchner den letzten Entwurf auf Lücke geplant und nicht stetig vom Anfang zum Ende hin niedergeschrieben, sondern – vor allem in der ersten Hälfte der Handschrift – nach einer großzügigen kompositorischen Vorplanung der Szenenverteilung auf die Bogenseiten einige Szenen erst später endgültig ausgearbeitet und dabei die freigelassenen Seiten natürlicherweise nicht immer bis zum Ende gefüllt. Die Leerräume, die stets mit der jeweiligen Seite enden, sich also ganz äußerlich ergeben, machen daher nicht eine geplante Fortsetzung der betreffenden Szenen, vielmehr gerade deren endgültigen Abschluß wahrscheinlich.

Die letzte Szenengruppe dieser Handschrift (Hd,14–17) entstand offenbar erst nach Niederschrift der Bearbeitungsszenen Hd,10–13. Denn am Ende von Hd,17 wird ein Satzmotiv aus dem Munde des Andres vom Ende der Szene Hd,13 wiederholt, das hier in Hd,13 zusammen mit einigen anderen wörtlichen Anklängen aus Ha,3 übernommen wird (vgl. S. 77 zum Verhältnis »B,3«–»C,3«). Ob Büchner nun in einer endgültigen Reinschrift die in Hd,13.17 zweimal von Andres ausgesprochenen Worte »Du mußt Schnaps trinke und Pulver drin, der schneidt (bzw. »das tödt«) das Fieber« an einer der beiden Stellen getilgt hätte, muß offenbleiben. Aufschlußreicher ist, daß sich das diesen Worten voranstehende bedeutungsvolle Motiv »du mußt (bzw. »kommst«) ins Lazareth« nur in Ha,3 und Hd,17 findet. Dieser Gedanke aber ist – analog zu seiner Funktion in der Handschrift Ha – hervorragend geeignet, zum Mordgeschehen hinüberzuleiten, da er den Umschlag von Woyzecks psychischer und physischer Leidenshaltung in die Verzweiflungstat eines Kranken ankündigt.

Neben diesem deutlichen Überleitungsmotiv führen die Szenen Hd,15.17 (Woyzecks Messerkauf sowie seine testamentähnliche Besitzverteilung und Personalfeststellung) auch thematisch unmittelbar an die Katastrophe heran.

Auf der anderen Seite hat das Mordgeschehen in den Szenen des ›Mord-Komplexes‹ (Ha,4–10) schon eine vollendete Formung erfahren (vgl. S. 88), die übrigens der letzten Bearbeitung der voraufliegenden Dramaentwicklung (Hd) ebensowenig widerspricht wie den Stufen Hb und Hc.

So darf man aus mehreren Gründen in der Verkopplung von ›letztem Entwurf‹ (Hd) und ›Mord-Komplex‹ (Ha,4 bis 10) eine Fortsetzung von Büchners eigenem dichterischem Arbeitsprozeß und die nächstliegende Anordnung des nicht durchstrichenen reifsten Szenenmaterials erblicken. Da das Mordgeschehen mit Sicherheit auf jeder Entstehungsstufe des Werkes der Zielpunkt der Themen- und Handlungsführung war, spricht der Umstand, daß der ›Mord-Komplex‹ nach seiner Konzeption im ersten Entwurf nicht mehr angetastet worden ist, eher für seine frühzeitige Sanktionierung als für seine Vorläufigkeit und Kritikbedürftigkeit.

So gesehen stellen die drei Handschriften Hb–Hd auf dem Entwurf Ha aufbauende, immer weiter modifizierende und anreichernde Versuche dar, das zuerst gestaltete Faktum des Mordgeschehens im nachhinein zu motivieren. Ausgehend von den historischen Dokumenten stand Büchners Konzeption des Mordes am Anfang. In gewisser Weise geht dann Büchners Arbeitsvorgang der Motivsammlung und Motivationsklärung den gleichen Weg noch einmal, den die Verfasser der gerichtspsychiatrischen Gutachten über die Zurechnungsfähigkeit des historischen Woyzeck ein Dezennium zuvor abzuschreiten hatten.[7] Im Sinne des neuerkannten Entstehungsprozesses schrieb sich Büchner vom Ende her zu den Anfängen hindurch, und das bedeutet inhaltlich: von der Verzweiflungstat eines einzelnen zu den gesellschaftlichen Bedingungen seiner Verelendung.

---

7. Auszüge aus diesen Gutachten sowie Büchners wörtliche Anlehnungen sind wiedergegeben in »Erläuterungen und Dokumente. Georg Büchner, ›Woyzeck‹«, Reclams Universal-Bibliothek Nr. 8117.

Handschriftensynopse für die benutzten Ausgaben				Handschriftenverhältnisse Ha Hb Hc Hd He	Grundkombination
hH	H3	h3	*He*		
H	H4	H4	*Hd*		
h2 (ohne 1. Szene)	H2	h2	*Hc*		
h1 (1. Hälfte + h2, 1.Szene)	H1 (1–10.21)	h1 (1–10.21)	*Hb*		
h1 (2. Hälfte)	H1 (11–20)	h1 (11–20)	*Ha*		
Bergemann	Lehmann	Krause	Buch/Bornscheuer		

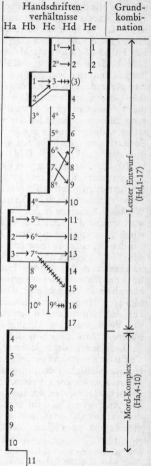

Anmerkungen zu den Handschriftenverhältnissen

Balken: früheste Stufen der für die zu erschließende Gesamtfassung konstitutiven Szenenentwürfe.

Pfeile: vollinhaltliche (einfache Pfeile) oder szenisch andeutende (gebrochene Pfeile) Abhängigkeiten zwischen einzelnen Szenenentwürfen.

Sternchen: gestrichene Entwürfe (s. S. 11, Anm. 9).

Zur Einordnung von Einzelszenen
in die ›Grundkombination‹

Die vorgeschlagene ›Grundkombination‹ stellt die philologisch sparsamste und empfehlenswerteste Anordnung dar, um aus den beiden reifsten Handschriftenkomplexen ein interpretationsfähiges Gesamtdrama zu rekonstruieren. Von einer Ausnahmestelle (Hd,3) abgesehen, bedeutet jede zusätzliche Integration von nicht gestrichenen Szenenentwürfen mehr oder weniger subjektiv-interpretatorische Eingriffe in authentische, wenn auch nicht endgültig bearbeitete Werkzusammenhänge. Obwohl die letzte Handschrift am Ende mehrerer Szenen unbeschriebene Seitenränder im Umfang von einem Fünftel bis zu drei Vierteln einer Seite aufweist, braucht, wie schon oben (S. 80) dargelegt, in keinem dieser Fälle angenommen zu werden, daß Büchner die Szenen jeweils fortzusetzen gedachte.

Mit Sicherheit zwingen allein die eineinhalb leeren Seiten nach dem als Hd,3 gezählten Szenentitel »Buden. Lichter. Volk« zu einer Konjektur. Aus den früheren Entwürfen bieten sich dazu die beiden ersten Szenen von Hb (Hb,1: Buden. Volk; Hb,2: Das Innere der Bude) sowie die auf ihnen aufbauende Szene Hc,3 (Öffentlicher Platz. Buden. Lichter) an. Viele denkbaren Vorschläge einer auf alle diese Entwürfe zurückgreifenden Ersatzszene, meistens sogar unter Einbeziehung der von Büchner gestrichenen Szene Hc,5, sind an dieser Stelle praktiziert worden, und die extensivste Kompilation findet sich merkwürdigerweise in der neuesten Lesefassung von Lehmann. Solche Szenenmischungen haben wir schon in unserer Einführung aus prinzipiellen Bedenken abgelehnt, und wir können im gegebenen Fall nur eine Wahl zwischen den beiden Szenen der Handschrift Hb (bzw. nur einer von ihnen) und andererseits der Szene Hc,3 gelten lassen. Wir selbst plädieren wiederum für die sparsamste Lösung und geben der Übernahme von Hc,3 als Szene Hd,3 den Vorzug, weil ihr Kern, der Text des Ausrufers, eine sichtbare Konzentration und Reifung der in Hb auf zwei Szenen verteilten Hauptrolle darstellt. In Kauf zu nehmen hätte man Emendationen bzw. Streichungen in den einrahmenden Dialogpartien mit ihren unklaren Sprecherbezeichnungen; dieser Rahmen scheint Büchner problematisch geblieben zu sein, so daß vor allem eine volle Streichung des »Grotesk«-Dialoges am Ende von Hc,3 zu erwägen ist, was konsequenter sein dürfte als eine Teilkonjektur mit Hilfe von Szenenbruchstücken aus Hb (vgl. auch S. 85). Dagegen läßt sich die Sprecherbezeichnung für die reduzierte Dialogrolle unmittelbar vor dem Text des Ausrufers mühelos auf »Franz« bzw. »Woyzeck« einengen.

Ebenso unbedenklich darf man übrigens dem interpretierenden Leser überlassen, innerhalb der ersten Szene des ›Mord-Komplexes‹ (Ha,4) die ansatzhafte Rollenverteilung auf mehrere Kinder selbständig fortzusetzen (vgl. Lehmanns Lösung in Bd.1, S. 426 f.).

Prüfen wir nunmehr – im Sinne einer interpretatorischen, nicht unbedingt notwendigen Ergänzung der ›Grundkombination‹ – das Gewicht der noch übrigen, von Büchner nicht gestrichenen Einzelszenen. Sofort auszuscheiden hat die Gruppe Ha,1–3, da sie im ganzen lediglich eine inzwischen zweifach überarbeitete Vorstufe bildet und in Hd,11–13 aufgegangen ist. Daß Büchner bis zum Schluß an einem Überleitungsmotiv zum ›Mord-Komplex‹ (vgl. S. 80 f.) festhielt, könnte erklären, warum er jene ersten Szenen, die er überhaupt im Zusammenhang des »Woyzeck«-Dramas geschrieben hat, nicht tilgen mochte.

Nicht mehr zu besprechen sind nach dem oben Gesagten die Szenen Hb,1.2.

Hb,8 ist eine voll ausgearbeitete Szene, in der Andres gegenüber Louis (bzw. Woyzeck) von den Bemerkungen eines Soldaten über Margreth (bzw. Marie) berichtet; dieser Soldat, der auf die Geliebte Woyzecks aufmerksam geworden ist, erscheint in der gleichen Handschrift möglicherweise unter den Bezeichnungen »Unteroffizier« (Hb,2) und »Der Offizier« (Hb,9), von der nächsten Handschrift an in der festeren Figurenkonzeption des »Tambourmajors« (Hc,2.5). Erst jetzt wird auch mit Hc,5 der Anlaß des Gespräches in Hb,8 (»Er ist da vorbey mit einem Kameraden«) szenisch voll ausgeführt. (Dies ist eine entstehungstechnische Parallele zu dem in Hb,7 entworfenen Gedanken der späteren selbständigen Szene Hd,15, vgl. S. 77.) Es wäre nun eine Interpretationsfrage, ob man das in Hb,8 aufklingende Eifersuchts-Motiv durch Einfügung in Hd zusätzlich zu der auch hier vorhandenen Motiventwicklung verstärken will. Unsererseits möchten wir auf eine solche reine Motivdehnung verzichten, zumal Büchner die (später entworfene) thematische Bezugsszene zu Hb,8 – nämlich die zitierte Szene Hc,5 – selbst gestrichen hat. Außerdem tendiert Hb,8 dazu, Woyzecks Eifersucht in eine Rache an dem Rivalen, nicht an der Geliebten zu steigern, während in Hd,14 der Tambourmajor seinerseits Woyzeck herausfordert und dieser in einer handgreiflichen Auseinandersetzung unterliegt. So scheint uns die Einordnung von Hb,8 in die Handschrift Hd nicht nur überflüssig, sondern sogar bedenklich zu sein.

Die letzte Szene der zweiten Handschrift (Hb,11) ist thematisch eindeutig nach dem ›Mord-Komplex‹ einzuordnen. Ihr Titel nennt »Gerichtsdiener. Barbier. Arzt. Richter«, von denen nur der erste zu Wort kommt und der Barbier nur stichwortartig, u. a. mit zwei nicht klar zu entziffernden Worten, charakterisiert wird. Da Büchner keinen Platz zur Fortsetzung der Szene freiließ, sondern sogleich mit der neuen Handschrift Hc begann, und außerdem die Figur des Barbiers allein noch einmal in der früheren, von Büchner gestrichenen Szene Hb,10 auftritt, deren »Barbier«-Rolle später aufgelöst und zum Teil in die Szene Hd,11 eingearbeitet wurde, liegt es nahe, auch auf die »Barbier«-Rolle in Hb,11 zu verzichten (wie das z. B. auch Müller-Seidel und Lehmann in ihren Ausgaben getan haben). Da es in der im Blick auf den Barbier entworfenen Charakteristik unter anderem um das ebenso einseitige wie schwerwiegende Urteil »dogmatischer Atheist« geht, würde eine Streichung dieser Stelle sehr gut mit der oben aus anderen Gründen vorgeschlagenen Streichung des »Grotesk«-Dialoges in Hc,3 harmonieren, wo das Stichwort »dogmatischer Atheist« in anderem Zusammenhang ebenfalls stark hervortritt. Wer im Gegensatz zu unserer Neigung, nur das Wesentlichste und handschriftlich Gesicherte zu berücksichtigen, nicht auf den Aspekt »dogmatischer Atheist« verzichten will, handelt zumindest im Sinne von Büchners Spiegelungstechnik konsequent, in diesem Fall *beide* genannten Szenenschlüsse (in Hb,11 und Hc,3) beizubehalten; immerhin wären dann eine schwierige interpretatorische Rollenfixierung am Ende von

Hc,3 und die Beibehaltung (oder Ersetzung) der singulären Barbier-Figur in Hb,11 zu begründen.

Über Hc,3 wurde S. 83 f. das Nötige gesagt.

Hc,7 ist ein dreifacher, immer breiter ausgeführter Ansatz der späteren Szene Hd,9, diese selbst ein Musterbeispiel einer auf das Substantielle konzentrierten Überarbeitung, die in zwei markanten Pointen aus den Vorentwürfen gipfelt. Man verginge sich zweifellos gegen den Geist von Büchners letzter Formgebung, wollte man mit den meisten Herausgebern den hinter Hd,9 freigebliebenen Raum von drei Vierteln der Seite aus Hc,7 auffüllen. Es wurde schon darauf hingewiesen, daß die freien Seitenreste in der letzten Handschrift nicht das Vorläufige, sondern gerade das Endgültige jener Szenen andeuten, die alle erst nach der Gesamtdisposition des letzten Entwurfs eingetragen worden sind. Angesichts des ungewöhnlich umfangreichen Vorentwurfs (Hc,7) hatte Büchner der Szene Hd,9 zwei volle Leerseiten reserviert, nachträglich jedoch eine wesentlich gestrafftere Fassung niedergeschrieben.

Betrachten wir abschließend die beiden Szenen des Einzelblattes He. He,1 zeigt Woyzeck als erniedrigtes, leidendes Versuchsobjekt des Doktors – eine thematische Steigerung der Szene Hd,8 (Woyzeck. Der Doktor), eine zu Hd,14 (in der Woyzeck vom Tambourmajor niedergeschlagen wird) parallele physische Leidenssituation. Philologisch wie inhaltlich überzeugt am ehesten Lehmanns Vorschlag, He,1 an der Nahtstelle zwischen ›letztem Entwurf‹ und ›Mord-Komplex‹ einzufügen, wo der Auftritt zwischen den beiden schwermütigen Szenen Hd,17 und Ha,4 einen dramatischen Kontrast und eine letzte Motivation der kurz darauf folgenden Verzweiflungstat darstellen würde.

Die andere selbständige Szene des Einzelblattes (He,2) führt Woyzecks letzte menschliche Vereinsamung, seinen vergeblichen und um so ergreifenderen Versuch vor Augen, sich der Zuneigung seines Kindes zu versichern. In den Ausgaben von Meinerts, Müller-Seidel und Lehmann rückte He,2 immer weiter an das Dramaende, dessen Komposition damit gleichzeitig zur Diskussion steht.

Auch wenn wir dem in unserer Einführung ausgesprochenen Grundsatz folgen, die authentische Szenenfolge der für die ›Grundkombination‹ ausgewählten beiden Handschriften (im Gegensatz etwa zu den Ausgaben von Meinerts und Lehmann) in sich nicht zu verändern, führt die Frage nach einer angemessenen Einordnung der Szene He,2 in die abschließende Szenengruppe des ›Mord-Komplexes‹ zu den differenziertesten interpretatorisch-kompositorischen Überlegungen. Wir müssen uns an dieser Stelle mit den wichtigsten Hinweisen begnügen.

Eine Einordnung von He,2 nach Ha,10 (Woyzeck geht in den Teich) im Anschluß an Müller-Seidel oder nach Hb,11 (als Schlußszene nach dem ›Mord-Komplex‹ und der ›Gerichtsdiener‹-Szene) wie bei Lehmann verengt den offenen Schluß der Handschrift Ha, insofern dies notwendig ausschließt, daß Woyzeck durch einen Selbstmordtrieb oder Unglücksfall im Wasser ertrinkt. Diese beiden Deutungsmöglichkeiten – die wir übrigens gar nicht für verbindlich erklären wollen – bleiben dagegen bewahrt, wenn man He,2 an einer Stelle vor Ha,10, also etwa mit Meinerts zwischen Ha,7 und Ha,8 eingliedert. In einem solchen Fall hätte die monomanische Wendung des Narren »Der is in's Wasser gefallen« ähnlich wie seine Worte am Ende der Wirtshausszene Ha,7 als eine ungewisse dunkle Prophezeiung zu gelten, nicht wie in der Szenenordnung von Müller-Seidel und Lehmann als einfache Feststellung beim Anblick der nassen Kleidung Woyzecks. Wir selbst halten die Meinertssche Lösung wegen der damit gesicherten Vieldeutigkeit von Woyzecks Ende und der poetisch gehaltvolleren Narrenrede für die glücklichere. Die Einordnung von He,2 zwischen Ha,7 und Ha,8 läßt sich vielfach rechtfertigen. Ha,7 und He,2 gestalten Woyzecks verzweifelte letzte Bemühungen um menschlichen Kontakt, dort in der Wirtshausgesellschaft, hier bei dem eigenen Kind. Im einen Fall flüchtet Woyzeck vor der Menge und drohenden Entdeckung, im anderen Fall der Narr mit dem Kind vor dem Mörder. Beide Male drohen die raunenden Worte des Narren Woyzecks wahres Geschick (den Mord und den späteren Gang ins Wasser) zu entlarven. Die Kinderszene Ha,8 fügt sich ihrerseits harmonisch der Szene He,2 an.

Selbst gegen diesen geschickten Lösungsvorschlag erheben

sich am Ende Bedenken angesichts der Geschlossenheit und
hohen gestalterischen Qualität des ›Mord-Komplexes‹. Dessen Szenen sind nämlich durch bemerkenswerte gestische
Schlußformeln rhythmisiert. Die erste und vorbereitende
Szene (Ha,4) schließt gleichsam programmatisch mit Mar-
greths Frage »Wohinaus« und mit Louis' Antwort »Weiß
ich's?«. Die folgende Mordszene (Ha,5), die Wirtshausszene
(Ha,7) und die Szene der nachträglichen Messersuche bei der
Leiche (Ha,9) enden jeweils, leicht variiert, mit der Regiebemerkung: Louis »läuft weg«. Im Kontrast dazu münden
die beiden eingeschobenen Gesprächsszenen zwischen zwei
Personen in der Nähe des Mordplatzes (Ha,6) und zwischen zwei Kindern kurz nach Entdeckung der Leiche (Ha,8)
jeweils in richtungweisenden Aufforderungen (Ha,6: ». . . Da
hinauf. Komm mit.« Ha,8: »Kommt« oder »Fort«, »daß wir
noch was sehen. Sie trage sie sonst hinein.«) Dieser mehr-
fache Wechsel zwischen Louis'/Woyzecks gehetztem Flüchten
vor der Gesellschaft und deren stetiger Bewegung auf die
Leiche zu bewirkt einen kunstvollen kompositorischen Rhyth-
mus der Blickführung. Die gegenläufige Spannung gipfelt
am Schluß der Szene Ha,9, als Louis/Woyzeck nach dem
Fund des Messers von den »Leuten« am Mordplatz über-
rascht zu werden droht: »Leute – dort. *(Er läuft weg)*«. Die
rhythmisch wechselnde Bewegungsrichtung innerhalb des
›Mord-Komplexes‹ sollte erhalten bleiben und nicht durch
eine Szene (He,2) unterbrochen werden, deren Schluß eine
ganz andere Bewegungsrichtung enthält (Narr »läuft mit
dem Kind weg«). Da wir die Szene aus oben dargelegten
Gründen andererseits nicht nach Ha,10 einfügen möchten,
bliebe für die Einordnung von He,2 nur die Zäsur zwischen
Ha,9 und Ha,10. Dieser Vorschlag muß jedoch aus inhaltlichen Gründen ausscheiden, weil zwischen Messersuche und
Versenken im Teich eine Rückkehr Woyzecks zu seinem
Kind nicht gut denkbar wäre. So bleibt es bei der Meinerts-
schen Lösung, falls man nicht – zugunsten der authentischen
und vollkommenen Gestaltung des ›Mord-Komplexes‹ –
auf einen Einschub der wirkungsvollen Szene He,2 ganz verzichten will.

Nachwort

Während der Leipziger Völkerschlacht (am 17. Oktober 1813) bei Darmstadt geboren, als junger Medizinstudent in Straßburg (Herbst 1831 bis Sommer 1833) unter den Anfängen des französischen Bürgerkönigtums und unter verschärften politischen Repressionen in Deutschland endgültig belehrt über die »Affenkomödie« der konstitutionellen Verfassungswirklichkeit, ruft der 21jährige Georg Büchner nach seiner Rückkehr in das kleinräumige ›Großherzogtum Hessen‹ (Sommer 1833 bis Frühjahr 1835) die Bauernschaft auf zum Freiheitskampf gegen Fürstenherrschaft und Restaurationsstaat (»Der Hessische Landbote«, Juli 1834) und schreibt - mitten in lebensgefährlicher Konspiration mit Studenten und Handwerkern in Gießen und Darmstadt – »Dantons Tod« (Februar 1835), das Drama von der Agonie eines großen Revolutionärs.

»Camille. Danton du wirst den Angriff im Convent machen. / Danton. Ich werde, du wirst, er wird. Wenn wir bis dahin noch leben, sagen die alten Weiber ... Zwischen Tür und Angel will ich euch prophezeien: die Statue der Freiheit ist noch nicht gegossen, der Ofen glüht, wir alle können uns noch die Finger dabei verbrennen.«

Im Straßburger Exil (Frühjahr 1835 bis Herbst 1836) beginnt wenige Monate später, neben einem intensiven »Studium der medizinisch-philosophischen Wissenschaften« und auch aus finanziellen Gründen angefertigten Übersetzungen zweier Dramen Victor Hugos, die Materialsammlung über »einen unglücklichen Poeten namens Lenz, ... der sich gleichzeitig mit Goethe hier aufhielt und halb verrückt wurde« und dessen Bild in Büchners späterer Erzählung manchen Bezug zu der ein Menschenalter zurückliegenden Epoche des Sturm und Drang und der Wertherstimmung aufweist: »Das All war für ihn in Wunden; er fühlte tiefen unnennbaren Schmerz davon. Jetzt ein anderes Sein, göttliche, zuckende Lippen bückten sich über ihn, und sogen sich an seine Lippen; er ging auf sein einsames Zimmer. Er war allein, allein!« (»Lenz«)

Bizarre Spannungen zwischen sozialrevolutionärer Utopie und mitleidendem Lebensekel, zwischen einer genial-erfolg-

reichen Universitätskarriere und entschiedener Preisgabe der
eigenen »abgelebten« Gesellschaftsklasse, zwischen Engage-
ment (»Ich komme dem Volk ... immer näher ...«) und
jeglicher Parteilosigkeit (»Ich gehe meinen Weg für mich ...«),
zwischen mechanischer, gelangweilter Berufsbeschäftigung
und gelöster, poetischer Schaffensfreude sprechen aus den
Briefen der zweiten Straßburger und der abschließenden
Züricher Zeit (Wintersemester 1836). Diese Spannungen finden ihren heitersten dichterischen Spiegel in dem geistreichen
Lustspiel »Leonce und Lena« (Juli 1836), ihren düstersten
Ausdruck in der szenischen »Woyzeck«-Ballade (an ihr ar-
beitete Büchner seit etwa September 1836 bis zu seinem
Tode).

Leonce zu Valerio nach einem hastigen Selbstmordversuch
aus Liebesleidenschaft und Weltschmerz: »Mensch, du hast
mich um den schönsten Selbstmord gebracht ... Der Kerl hat
mir mit seiner gelben Weste und seinen himmelblauen Hosen
alles verdorben. – Der Himmel beschere mir einen recht
gesunden, plumpen Schlaf.« Das ist eine letzte, komödian-
tische Abkehr vom ›Wertherfieber‹. Auf der anderen Seite
Woyzecks verkrampfter, ohnmächtig-wütender, einer dumpfen Tragik verfallender Protest gegen das anarchische Lebens-
gesetz: »Immer zu. – immer zu. *(Fährt heftig auf und sinkt
zurück auf die Bank.)* Immer zu immer zu *(schlägt die
Hände ineinander).* Dreht Euch, wälzt Euch. Warum bläst
Gott nicht [die] Sonn aus, daß alles in Unzucht sich über-
nanderwälzt, Mann und Weib, Mensch und Vieh. Tut's am
hellen Tag, tut's einem auf den Händen, wie die Mücken.–«

Während der Druckvorbereitung beider Dramen stirbt Büchner – Privatdozent für Naturgeschichte an der Philosophi-
schen Fakultät der Zürcher Universität – im 24. Lebensjahr
an einer Typhusinfektion (19. Februar 1837), und man denkt
im Blick auf ihn an Lenas Worte über Leonce: »Er war so
alt unter seinen blonden Locken. Den Frühling auf den
Wangen, und den Winter im Herzen.«

Wollte man, daran anknüpfend, Büchners dichterische Ge-
genbilder Danton, Lenz, Leonce und Woyzeck in *einer*
Silhouette umgrenzen, so hätte man zu sprechen von dem
»Motiv- und Symptomenkomplex« der *Melancholie,* einer
psychischen und religiösen, einer sozialpolitischen und ge-
schichtsphilosophischen, die nicht zu verwechseln ist mit

stumpfem Nihilismus oder dumpfer Krankheit. Büchners Melancholie umschließt Witz und Langeweile, nervöse Visionen und apathisches Leiden, Utopie und Verzweiflung, »Weltangst« und »Existenzzwang«.[1] In mehr als einem Zug ließe sich die zeitgenössische Verwandtschaft mit Heinrich Heine begründen.

Das paradox strukturierte Syndrom der Melancholie ist in Büchners dichterischem Werk ein Sammelbecken literatur- und geistesgeschichtlicher Bezüge. Shakespeares »Hamlet« – Prototyp des neuzeitlichen Melancholikers – steht hier ebenso Pate wie beispielsweise auch Sternes ironisch-witzig verbrämter Lebensekel.[2] Auch Wertherstimmung und der damals schon abklingende Byronismus haben Büchner noch voll erreicht. Kaum beachtet wurde bislang die humanistische Prägung Büchners, etwa durch die spätrömische Historiographie, wobei besonders an Lukans Geschichtsfatalismus zu denken wäre.[3] Fruchtbar und ausbaufähig ist Franz H. Mautners Hinweis auf die »erst zu enträtselnde Verwandtschaft« des »Woyzeck«-Dramas »mit dem säkularisierten Märtyrerdrama, ... dem ›Trauerspiel‹ des Barock, wie vor allem Walter Benjamin es umschrieben hat«.[4] In der Tat dürfte das von Benjamin benannte ästhetische Prinzip der

1. Die Zitatworte zum Komplex der ›Melancholie‹ sind entnommen: Robert Mühlher, Georg Büchner und die Mythologie des Nihilismus (1951), jetzt in: Georg Büchner, hrsg. von Wolfgang Martens, Darmstadt 1965, ²1969 (= Wege der Forschung Bd. 53) S. 252 ff. Obwohl dieser Beitrag eine Fülle erhellender Gesichtspunkte zu Büchners Werk enthält, können wir im ganzen die an Schopenhauer orientierte Hauptthese, »daß sich der Symptomenkomplex der melancholischen Psychosen mit dem Weltbild des Skeptizismus und Nihilismus deckt«, für Büchner nicht billigen.

2. Vgl. zu diesen Einflüssen Rudolf Majut, Über literarische Beziehungen Georg Büchners zu England (engl. 1955), jetzt (dt.) in: Georg Büchner (= Wege der Forschung Bd. 53) S. 334 ff.

3. Eine Plutarch-Explikation stellt z. B. Büchners Schulaufsatz (September 1830) über den sittlich hochstehenden Selbstmord des Cato dar; vgl. Bergemann 1922 (s. S. 4, Anm. 1), S. 596 ff.

4. Franz H. Mautner, Wortgewebe, Sinngefüge und »Idee« in Büchners »Woyzeck« (1950/1961), jetzt in: Georg Büchner (= Wege der Forschung Bd. 53) S. 548. – Vgl. Walter Benjamin, Ursprung des deutschen Trauerspiels (1928), revidierte Ausgabe besorgt von Rolf Tiedemann, Frankfurt a. M. 1963.

»Stückelung« und »Vereinzelung« in der gesamten neueren Dichtung keinen verwandteren Nachfahren gefunden haben als Büchner. Dantons Schlußworte an seinen Henker, der ihm die letzte Freundesumarmung verwehrt (»Willst du grausamer sein als der Tod? Kannst du verhindern, daß unsere Köpfe sich auf dem Boden des Korbes küssen?«), und in großem Stil das Antimärchen der Großmutter im »Woyzeck«-Drama (»... und wie's zu den Sterne kam, warens klei golde Mück, die waren angesteckt wie der Neuntöter sie auf die Schlehen steckt ...«), solche Bilder spiegeln das visionär-melancholische Grundmuster der Renaissance- und Barock-Ästhetik: »die trostlose Verworrenheit der Schädelstätte, wie sie als Schema allegorischer Figuren aus tausend Kupfern und Beschreibungen der Zeit herauszulesen ist ...« (Benjamin). »Stückelung« und »Vereinzelung« bestimmen Bildlichkeit und Sprachgebung, Dialog- und Handlungsführung, Szenenkomposition und Schicksalslauf in Büchners Werken. Aus solchem Gestaltungsprinzip heraus entsteht keine klassische »Tragödie«, sondern eine Form des »Trauerspiels«, in dem sich »Geschichte als Leidensgeschichte der Welt« erweist (Benjamin).

Gundolf dämonisierte einst (1929/30) das »Woyzeck«-Drama zu einem »mimischen Traum dumpfen Volkes«, und Viëtor erkannte wenig später (1936) zwar das »erste Arme-Leute-Drama in deutscher Sprache«, darin jedoch »seinem Hauptanliegen nach kein soziales Tendenzstück«. »Der Mann aus dem Volk erfährt den entsetzlichen Zwang in seiner Seele nach der Weise des Volkes als mythische Übermacht ...« Zur gleichen Zeit konzentrierte sich Lukács (1937) auf »den ausgelieferten, ausgebeuteten, ruhelos hin und her gejagten, von jedem getretenen Woyzeck; die großartigste Gestalt des damaligen ›Armen‹ in Deutschland«, und Hans Mayer stellte später (1946) die gleichgerichtete »Frage der sozialen Indikation«: »Woyzecks Tun erscheint hier, ebenso wie das seiner Peiniger und Gegenspieler, als Wirkung und Produkt sozialer Funktionen und Seinslagen.« Aus völlig anderen Voraussetzungen wiederum kam Mühlher (1951) zu der These von dem »radikalen Nihilisten« und Psychopathen Woyzeck und Martens (1957/58) zu der Auffassung, hinter einem »pessimistischen Menschenbild« und hinter aller »dämonisch-pathologischen Verzerrtheit des menschlichen Ant-

litzes« werde Büchners »brüderliche Liebe zum Menschen«
sichtbar.[5] So reicht die Skala der Deutungen des leidenden
Woyzeck von mythisierender ›Volks‹-Ideologie zu purem
Nihilismus, vom sozialistischen zum biblisch-christlichen
›Armuts‹-Verständnis. Wie die Akzente zwischen ›Leidens-
drama‹ und ›kritischem Tendenzstück‹ im einzelnen auch
immer gesetzt werden, Woyzeck selbst erscheint wohl stets
im Lichte des ›guten Sünders‹, des schuldlos Schuldigen.
Obwohl wir den ›offenen Schluß‹ des Dramas voll anerken-
nen, der Woyzecks Selbstmord, sein Ertrinken als Unfall
oder ein gerichtliches Nachspiel (Ergreifung und Verurtei-
lung im Sinne der historischen Quellen) ermöglicht, bedeutet
der Mord an der Geliebten im ganzen den ersten Schritt einer
verzweifelten Selbstpreisgabe, eine Art erweiterten Suicid.
Die Verzweiflungstat muß vor allem als eine Form hilflosen
Protestes gewertet werden. Mit einer solchen nicht mehr heil-
baren »geistigen Krankheit zum Tode« oder »Melancholie«
hat sich Büchner schon in einer Schülerarbeit (Besprechung
eines Aufsatzes über den Selbstmord) beschäftigt: »Der
Selbstmörder aus physischen und psychischen Leiden ist kein
Selbstmörder, er ist nur ein an Krankheit Gestorbener.«[6]
Diese Problemsicht und die dichterische Gestaltung einer
Existenzform aus Angst und Verzweiflung präludiert Kierke-
gaards wenig jüngerer dialektischer Philosophie, die die gleichen Symptome der »Krankheit zum Tode« aus dem Stande
ihrer »Unmittelbarkeit« und »Unwissenheit« (man denkt
an Woyzeck) zu befreien und zur höchsten »Bestimmung des
Geistes« umzuwerten sucht.[7] Kierkegaard überhöhte in theo-
logischer Spekulation, was sich dem gleichaltrigen Büchner
als eine konkrete Leidenserfahrung aufgedrängt hatte in
einer krisenvollen Umbruchsepoche der alten Staats-, Wirt-
schafts- und Gesellschaftsformen (auch das ›Großherzogtum

5. Alle zitierten Beiträge finden sich in: Georg Büchner (= Wege der
Forschung Bd. 53). Vgl. auch »Erläuterungen und Dokumente« Kap. VI.
6. Vgl. Bergemann 1922 (s. S. 4, Anm. 1) S. 590 ff., Zitat S. 594 –
Das Wort »Krankheit zum Tode« aus Joh. 11, 4. (Christus über Lazarus:
»Diese Krankheit ist nicht zum Tode, sondern zur Verherrlichung Gottes,
daß der Sohn Gottes dadurch verherrlicht werde.«)
7. Sören Kierkegaard, Die Krankheit zum Tode. Eine christlich-psycho-
logische Entwicklung zur Erbauung und Erweckung von Anti-Climacus,
1849.

Hessen‹ war ein Geschenk Napoleons); in der Endphase der
handwerklich-feudalen Ökonomie Alteuropas, die z. B. den
historischen Woyzeck aus seiner Bahn geworfen hatte; in der
Entstehungszeit eines – von Büchner mit Haß betrachteten –
liberal-konservativen Besitz- und Bildungsbürgertums, das
in Deutschland getragen wurde von einer idealistischen Sub-
jektivitätsphilosophie, einem zitierfähigen neuen Dichtungs-
kanon und wachsamen Polizeibürokratien; nicht zuletzt in
einer Zeit der Demokraten- und Republikanerhetze, einer
ständigen Intellektuellen-Flucht aus Deutschland ins Exil,
täglicher Verhaftungen, vieler Todesfälle unter Unter-
suchungshäftlingen (Weidig gehörte zu ihnen), ungezählter
Hinrichtungen. Die politische und soziale Misere in Deutschland war Georg Büchners tiefster Alptraum, der ihn bis in
die Fieberphantasien auf dem Sterbebett verfolgte. Das de-
formierende militärische Kastenwesen und zugehörige gut-
bürgerliche »Tugend«-Pathos (Der Hauptmann), die den
Menschen zum Versuchsobjekt degradierende medizinische
Wissenschaft und gleichzeitige idealistische »Freiheits«-Lehre
(Der Doktor), das wertblinde, alles eröffnende Tauschmittel
des Geldes (Der Jude) und der freie Konkurrenzkampf in
den menschlichsten Bereichen (Der Tambourmajor) bauen
Woyzecks erbarmungslose Umwelt auf, die Welt einer syste-
matisch zu nennenden Verknechtung. Wesentliche Faktoren
von Woyzecks psychischem und physischem Ruin spiegeln
Geist und Erscheinungsbild des bürgerlichen ›struggle for
life‹. Einer dieser Faktoren ist Woyzecks Hilfsbedürftigkeit
auf der einen Seite und seine Ausbeutung auf der anderen.
Grotesk verzerrende Satire und mitleiderregendes Arme-
Leute-Stück, soziale Tendenz und allgemeinmenschliche We-
sensdeutung, historisch begründete und persönlich bedingte
›Melancholie‹ bilden die Einheit dieses anti-bürgerlichen
Trauerspiels, vielmehr: dieses großen Trauerspiels vom Bür-
gertum.
Ein besonderer Ansatz, das Drama einer letzten existentiel-
len Verelendung zu gestalten, liegt in der Verwendung dreier
volkstümlicher Sprachebenen jener Zeit: der Umgangs- und
Dialekt-, der Bibel- und der Volkslied-Sprache. Darüber
hinaus schuf Büchners extrem hellsichtiger und kritischer
Instinkt angesichts der entwürdigenden Lebensbedingungen
seines Zeitalters zahlreiche neuartige stilistisch-komposito-

rische Ausdrucksformen. »Nahezu alle Stilrichtungen seit dem Ausgang des 19. Jahrhunderts können an Stilzüge seines Dramas anknüpfen, das naturalistische wie das expressionistische Drama, das ›epische‹ wie das ›absurde‹ oder das ›dokumentarische‹ Theater. Wir sehen das Werk in der Tradition des ›offenen‹ Dramas und der ›nichtaristotelischen‹ Dramaturgie, einer realistischen wie auch grotesken oder verfremdenden Dramatik. Die Linien, die zum 20. Jahrhundert führen, laufen durch Büchners Drama wie durch eine Schaltstelle« (Walter Hinck[8]).

---

8. Walter Hinck, Georg Büchner, in: Deutsche Dichter des 19. Jahrhunderts. Ihr Leben und Werk, hrsg. von Benno von Wiese, Berlin 1969, S. 200 ff., hier S. 220.

Inhalt

Zur Benutzung der Ausgabe 3

Text 12
   Letzter Entwurf (Hd) 12
   Mord-Komplex (Ha,4–10) 38
   Einzelszenen 46

Variantenapparat 66

Entstehungsprozeß und Handschriftenverhältnisse 76

Schema der Handschriftenverhältnisse 82

Zur Einordnung von Einzelszenen in die ›Grundkombination‹ 83

Nachwort 89